Vamos participar da missa?

Frei Luiz Turra

Vamos participar da missa?

Paulinas

Dados Internacionais de Catalogação na Publicação (CIP)
(Câmara Brasileira do Livro, SP, Brasil)

Turra, Luiz
    Vamos participar da missa? / Luiz Turra. – São Paulo : Paulinas, 2012. –
(Coleção pastoral litúrgica)

ISBN 978-85-356-3057-2

1. Igreja Católica - Liturgia   2. Missa - Celebração   3. Missa - Rituais
I. Título.   II. Série.

12-01356   CDD-264.02036

Índice para catálogo sistemático:

1. Missa : Rituais : Cristianismo   264.02036

2ª edição – 2025

Citações bíblicas: *Bíblia Sagrada*. Tradução da CNBB, 7. ed., 2008.

Direção-geral: *Bernadete Boff*
Editores responsáveis: *Vera Ivanise Bombonatto*
Antonio Francisco Lelo
Copidesque: *Mônica Elaine G. S. da Costa*
Coordenação de revisão: *Marina Mendonça*
Revisão: *Ruth Mitzuie Kluska*
Gerente de produção: *Felício Calegaro Neto*
Projeto gráfico: *Wilson Teodoro Garcia*
Fotos: *Wanderson Cardoso Alves – Local: Catedral*
de São Miguel Paulista, São Paulo – SP

Nenhuma parte desta obra poderá ser reproduzida ou transmitida
por qualquer forma e/ou quaisquer meios (eletrônico ou mecânico,
incluindo fotocópia e gravação) ou arquivada em qualquer sistema ou
banco de dados sem permissão escrita da Editora. Direitos reservados.

Cadastre-se e receba nossas informações
paulinas.com.br
Telemarketing e SAC: 0800-7010081

Paulinas
Rua Dona Inácia Uchoa, 62
04110-020 – São Paulo – SP (Brasil)
📞 (11) 2125-3500
✉ editora@paulinas.com.br
© Pia Sociedade Filhas de São Paulo – São Paulo, 2012

Sumário

Introdução 7
1. Decidir-se a participar da missa 9
2. Pôr-se a caminho para celebrar 12
3. Chegar ao lugar da celebração 15
4. Fomos acolhidos e acolhemos 18
5. Fazemos parte da assembleia 21
6. Ensaiamos os cantos da celebração 25
7. Vamos começar a celebração 28
8. Atentos ao altar 32
9. Marcados com o sinal da cruz 35
10. Saudação de amor 38
11. Ato penitencial 41
12. O "Glória" 44
13. Oração do dia – Coleta 47
14. A mesa da Palavra 50
15. Palavra viva 53
16. A música como veículo da Palavra 56
17. Cuidados com a Palavra celebrada 59
18. Homilia, uma conversa familiar 63
19. Creio, creio, amém! 66
20. Oração Universal ou Oração dos Fiéis 69
21. Outro passo para o mesmo encontro 72
22. Preparação e apresentação dos dons 75

23. Oração Eucarística – Prefácio 80
24. Oração Eucarística – Realização do mistério 83
25. Oração Eucarística – Mistério da fé 87
26. Oração Eucarística – A oferta do Memorial 91
27. Rito de Comunhão – Pai-Nosso 95
28. Rito de Comunhão – A paz do Senhor 99
29. Rito de Comunhão – Ao partir o pão 102
30. Rito de Comunhão –
    Comungamos do mesmo pão e do mesmo cálice 106
31. Ritos de Conclusão 110
32. Símbolos que comunicam na missa 113
Anexo 119

Introdução

Muito se tem escrito e muito se tem falado sobre o indizível mistério da Eucaristia. Por ser "Mistério da fé" nunca se dirá o que deva ser dito, nunca se escreverá tudo o que deva ser escrito, nem se pensará o que deva ser pensado, nem se poderá ensinar tudo o que deva ser ensinado. O que se pretende, com este subsídio, é contribuir com os que desejam saber mais para amar mais, para renovar sua fé, para dinamizar sua esperança e servir melhor nas celebrações da comunidade.

A missa pode modificar seus ritos e suas palavras, atualizar sua linguagem e suas expressões, mas sempre permanecerá como a inesgotável surpresa de um amor que se acolhe e nos supera, de uma beleza tão antiga e sempre nova, de uma vida que se doa e não termina.

Esta obra é resultado de um caminho percorrido e experimentado durante três anos com a *Revista Família Cristã*. Os artigos mensais são aqui reunidos como um subsídio formativo de pastoral litúrgica. O autor permeia toda sua obra com a preocupação pastoral, aproximando o máximo possível a riqueza de cada parte da missa à experiência existencial, comunitária e celebrativa.

A experiência celebrativa cristã clama por clarear a consciência do significado, superando todo o formalismo e formulismo, tornando-se expressão de vida e fé. A missa não é um parêntese na programação do tempo, nem uma ilha no oceano da vida cotidiana. É e deve se tornar cada vez mais fonte e culminância da vida cristã, como quer o Concílio Vaticano II.

Como um instrumento de ajuda, não só teórica, mas também prática, o livro contém um suplemento de música litúrgica do mesmo autor. Nele estão contidas canções rituais e canções que acompanham o rito. Tudo visa cantar a liturgia, como nos convida a renovação litúrgica da Igreja.

As partituras e as músicas gravadas disponibilizadas em QR Code facilitam o aprendizado dos cantos e sua operacionalização. A Música

Litúrgica, em todos os seus elementos – palavra, melodia, ritmo, harmonia –, participa da natureza simbólica e sacramental da Liturgia cristã, celebração do Mistério de Cristo.

Quem vive seu ministério presbiteral com os pés no chão das comunidades mais diversificadas precisa clarear conceitos, justificar a linguagem ritual e simbólica, para que o povo de Deus realmente se envolva em alegre e contagiante participação. Se ousarmos dizer que a renovação litúrgica, proposta pelo Concílio, tem um DNA, este se chama *participação* ativa, frutuosa e consciente.

Vamos participar da missa? quer ser um convite alegre a experimentar o Banquete da vida, na festa da comunidade que se reúne no amor de Cristo. O que caracteriza este livro é a simplicidade, a brevidade e a objetividade de cada parte que compõe o todo da missa, tendo em vista o conhecimento, o afeto e a qualificação de nossas celebrações. Diz um ditado popular que, se é pela boca que se pesca o peixe, é pela liturgia que se integra o cristão no todo da vida de sua comunidade. Ninguém ama o que não conhece e ninguém se esquece do que ama.

 Ao lado, é possível acessar um suplemento de músicas litúrgicas do Frei Luiz Turra, disponível no aplicativo de música de sua preferência. As partituras encontram-se no final deste livro.

1 Decidir-se a participar da missa

O que acontecia no passado

No passado, não muito distante, onde se respiravam os ares de uma cultura marcadamente sacral, os mandamentos de Deus e da Igreja orientavam com rigor o comportamento moral e religioso da pessoa, da família e da sociedade. A consciência, que levava a tomar decisões comportamentais, era bastante movida pelo argumento da obrigação. A relação com o Mistério se envolvia de certo clima de temor e submissão. A força de vontade e a determinação nas decisões conduziam a pessoa a uma obediência sem muitos questionamentos.

O contexto global de austeridade e de luta provocava a formação de um caráter forte e rigoroso. Não se apelava tanto para as motivações, mas muito para o cumprimento do dever. O passado, mesmo com seus defeitos, favoreceu grandes virtudes e o surgimento de vários santos e heróis em todos os recantos do mundo. Ir à missa fazia parte de uma decisão que desconhecia distâncias e qualquer obstáculo. O confortável e o aprazível não preocupavam os cristãos. Obrigação não tinha barreiras.

O que acontece no presente

Em nossos dias, de mudanças rápidas e profundas, também mudam as razões e os argumentos de nossas decisões. As normas e as leis tradicionais parecem ter pouca força motivadora. Há uma reação quase espontânea de rejeição a tudo o que apela para o obrigatório. As atenções de nossa cultura do momento buscam favorecer o "você decide", o individualismo, as escolhas mais agradáveis e os caminhos mais fáceis.

Em relação à missa dominical, ouve-se com frequência: "Vou quando tenho vontade"! A busca do lazer é mais intensa. O fenômeno da urbanização, tantas vezes sufocante, impele as pessoas a procurar outros espaços para respirar e ocupar a agenda do fim de semana. O contágio tende mais para a indiferença do que para o entusiasmo participativo. "Com efeito, a vida de fé corre perigo quando se deixa de sentir desejo de participar da celebração eucarística em que se faz memória da vitória pascal" (Exortação apostólica *Sacramentum caritatis,* n.73).

Saber decidir-se

Decidir-se é um ato humano fundamental. A indecisão é prejudicial à liberdade responsável, tornando-se uma escola de inseguranças e inseguros. Pior ainda quando se deixa que os outros decidam por nós. A vida é a arte de bem decidir, posicionar-se e assumir. Nenhum animal, por mais aprimorado em sua espécie, tem a capacidade de decidir. No reino vegetal também é assim, e muito mais. Jamais uma árvore decide se mover para se salvar em tempo de seca.

Nossas decisões entram no jogo da liberdade motivada por uma escala de valores. É nesse caminho que nossa liberdade nos torna verdadeiramente livres. Em se tratando de fé, não se pode apelar para o que pensa e decide a maioria. Tudo o que há de melhor para a pessoa e a comunidade tem o seu elevado preço de qualidade. Isto exige sabedoria, empenho e autodeterminação.

Decidir-se a participar da missa dominical é um sagrado exercício de quem entende que o cotidiano da vida precisa encontrar sua fonte e culminância para se tornar significativo. A liturgia é a fonte, o cume de toda a vida cristã, bem como nos confirma o Concílio Vaticano II na sua Constituição sobre Liturgia.

Ainda existem obrigações?

Talvez pelo excesso de legalismo e autoritarismo, facilmente se rejeita tudo o que nos é apresentado com o argumento do "obrigatório". Criou-se um preconceito e um pré-juízo que fazem mal na hora das decisões importantes. Quando existe amor, amizade e vida, há obrigações que brotam da liberdade responsável.

Uma vida sem obrigações é como um corpo sem espinha dorsal. Se eu quero viver biologicamente, tenho obrigação de me alimentar. Se busco equilíbrio psicológico, tenho a obrigação de cuidar dos meus sentimentos. Se entendo que minha vida é mais do que um corpo, mais do que sentimentos e possui uma dimensão espiritual, tenho obrigações religiosas que nascem de uma relação de amor com Aquele de quem viemos, em quem vivemos e para quem retornamos. Poder celebrar a alegria do Mistério Pascal, em comunidade, é um privilégio que precisa ser colocado na linha de frente de nossa decisão em participar da missa.

Para refletir

- Quais os principais motivos que nos levam a decidir participar da missa?
- Como a família pode ajudar a despertar interesse na participação da missa?
- É possível entender corretamente o sentido da palavra "obrigação"?

2 Pôr-se a caminho para celebrar

Depois que decidimos pessoalmente, em família ou em grupo, participar da missa, ou da celebração da Palavra, colocamo-nos a caminho. Seja a pé, de carro, ou com qualquer outro meio, vamos nos dirigindo para o local da celebração. Pôr-se a caminho para celebrar a fé, em comunidade, é um movimento carregado de significado. Geralmente não se costuma dar o devido valor aos passos, ao fato de caminhar e ao percurso que nos leva a celebrar em comunidade o Mistério Pascal do Senhor. Se eu subo à montanha para chegar ao ponto mais alto, é bem fácil que eu dedique todo o encantamento ao ponto de chegada. Porém, se eu cheguei, é porque parti, e fui percorrendo passo a passo o caminho da subida.

Passos que significam

O fato de pôr-se a caminho para celebrar merece também a justa importância no todo da celebração. A motivação que me levou a decidir é também aquela que me leva a partir e fazer caminho. Num sábado à tarde, estava me dirigindo a uma comunidade do interior para celebrar a Eucaristia. No caminho encontrei um casal que caminhava a pé rumo à capela. Faltavam 8 quilômetros para chegar ao local da celebração. Ofereci-lhes carona e perguntei se sempre faziam a pé aquele trajeto. Responderam que sim e que o faziam com gosto, pois para eles era uma bênção poder caminhar ao encontro de Deus na comunidade.

Não saímos para fugir

Quando paramos o trabalho, ou o lazer, quando mudamos de roupa e colocamos um calçado diferente, para nos pôr a caminho da celebração, não estamos fugindo da vida real, como quem vira as costas ao cotidiano para entrar numa ilha do sobrenatural. Um sábio antigo costumava dizer:

"*Omnia mecum porto!*". Traduzindo: "Levo tudo comigo!": um passado, um presente e um futuro, pecados e virtudes, sofrimentos e alegrias, lutas e vitórias. Não mudamos a direção da vida. Dentro do caminho da vida, procuramos caminhar para a "fonte" e a "culminância" da vida cristã, que é a liturgia. Ali vamos beber a Água Viva da Palavra e nos alimentar com o Pão da Vida, para prosseguirmos o caminho do cotidiano. Ali fazemos uma experiência forte de sintonia com o Crucificado-Ressuscitado e nele integramos nosso viver e conviver de cruzes e luzes, lutas e vitórias.

Saímos para nos encontrar

Para caminharmos bem com nossos pés, necessitamos ter na mente bons motivos e no coração, um grande amor. Quando nos pomos a caminho para celebrar, nós nos movimentamos animados pelo encontro com aquele que nos amou e se entregou por nós. Com ele vamos participar do Banquete da Vida e fortalecer nossa aliança assumida pelo Batismo. Um encontro especial nos espera! A Palavra certa para nosso momento certo nos é anunciada! O Pão partido para um mundo novo nos é dado! A chegada a uma comunidade nos identifica com o povo de Deus a caminho.

Vamos para a casa do Senhor!

Pôr-se a caminho para celebrar é mais que viajar. Significa locomover-se para uma meta religiosa, com uma intenção religiosa e simbólica. Observando o Antigo Testamento, logo compreendemos o significado religioso da saída e do caminhar. Abraão parte de sua pátria para Canaã; Elias caminha pelo deserto rumo ao monte do encontro com o Senhor, e logo volta para sua missão. O povo de Israel põe-se a caminho da escravidão para a Terra Prometida. Para comemorar, todos os anos faz a peregrinação ao templo de Jerusalém, acompanhando os passos com salmos processionais. "Que alegria, quando me disseram: 'Vamos subir à casa do Senhor!'" (Sl 122[121]). Jesus nos é apresentado no Evangelho sempre a caminho, ao encontro com o Pai e com os irmãos.

Pôr-se a caminho é ir ao encontro de metas sonhadas, é romper esquemas mentais e dinamizar a vida com uma força inesgotável, sustentadora e renovadora. A rotina pode tornar a vida sem graça e obscura. Pôr-se a caminho para celebrar significa resgatar o dinamismo interior que abre horizontes novos de libertação, em vista de uma comunhão com Deus, através do Cristo no Espírito Santo.

Conclusão

Não são pedaços da vida que se fazem relevantes e outros tantos insignificantes. Há gestos e decisões aparentemente insignificantes que passam a ser relevantes quando vistos e entendidos dentro do todo de uma vida que se torna louvor, obediência e comunhão. Nunca chegaremos a lugar nenhum, se não partirmos ou caminharmos. Cada passo constitui o todo de uma caminhada que nos leva a encontros favoráveis à vida.

Para refletir

- Você já pensou na importância e no valor dos passos que nos movem para celebrar?
- Para que o fato de pôr-se a caminho tenha importância, o que se faz necessário?
- Quando nosso caminhar não nos leva a lugar nenhum, e quando nos leva para mais vida?

3 Chegar ao lugar da celebração

Após a decisão de participarmos da celebração, saímos para nos encontrar e "vamos à casa do Senhor" (Sl 122[121]). Começamos lembrando as palavras que Jesus disse à mulher samaritana: "Mulher, acredita-me, vem a hora em que não adorareis o Pai, nem neste monte nem em Jerusalém. [...] Vem a hora, e já chegou, em que os verdadeiros adoradores hão de adorar o Pai em espírito e verdade, e são estes adoradores que o Pai deseja" (Jo 4,21-23). Cristo inaugura uma nova relação com o Pai. Santo Irineu, mais tarde, vem dizer que "a maior glória de Deus é a pessoa viva e a maior glória da pessoa é o Deus vivente". Então nos perguntamos: Para que construir lugares de celebração? Qual a justificativa para a construção de templos? O que foi dito por Jesus à samaritana não vem negar a necessidade de lugares de encontro, e das práticas comunitárias. Os lugares e as práticas devem existir para favorecer a verdadeira adoração em espírito e verdade, pois este é o fundamento da religião.

Lugares diversos para ações diversas

Faz parte da vivência, da convivência e também da atividade normal dos humanos a necessidade de disponibilizar lugares diversos para ações diversas. O empregado sabe que vai para a fábrica, porque lá é seu lugar de trabalho. O atleta, ao entrar em campo, sabe que vai para jogar e investir competência e atletismo. O agricultor não vai à lavoura para jogar futebol, nem o bom aluno vai à escola para um tempo de lazer.

Os lugares diversos para ações diversas não são opostos uns aos outros, mas complementam-se para enriquecer e promover a vida em sua globalidade. O templo, como lugar de celebração, integra o cenário global onde se movimenta a vida dos humanos e favorece a experiência fecunda da vida em comunidade e da experiência com Deus dentro do mundo real. Para este lugar, o cristão leva a sua vida cotidiana e busca, para a vida do dia a dia, luz, sentido, força e coragem transformadora.

A casa de Deus e da Igreja é nossa casa

Pode ser uma catedral gótica, uma ermida, um santuário, uma capela de bairro ou uma igrejinha rural; o que importa, em primeiro lugar, é que haja um povo que se reúna em assembleia para celebrar a sua fé e progredir no amor-caridade. O lugar simbólico nos ajuda a entender quem somos e o que celebramos.

Enquanto nos preocupamos apenas com o lugar, seja em sua construção, reforma ou manutenção, não podemos esquecer que o que mais preocupou as primeiras comunidades não foi o lugar, mas sim a própria comunidade. "O Altíssimo não habita mansões construídas pelas mãos dos homens" (At 7,48). O verdadeiro templo onde Deus habita é o Senhor Ressuscitado e com ele a comunidade dos cristãos se congrega e se edifica como pedras vivas, baseadas nele (cf. Ef 2,19-22; 1Pd 2,4-5).

A configuração simbólica do templo como "casa de Deus e casa da comunidade" evoca o senso de pertença familiar. O projeto construído e seu material utilizado dá a perceber que cada parte e cada tijolo são importantes, assim como é importante cada pessoa batizada no edifício da Igreja que vamos constituindo. Nosso lugar é também o espaço de nossa vocação e missão.

Um lugar pode contribuir

Mesmo que São Jerônimo afirme que "as paredes não fazem os cristãos", humanamente, um lugar adequado pode contribuir para convocar e aproximar o povo de Deus e favorecer a celebração do Mistério. É desejo da Igreja que os sinais visíveis sejam símbolos das realidades celestiais. Daí a necessidade de zelar pela beleza simples dos nossos lugares de celebração. O novo *Ritual da Dedicação de Igrejas* afirma:

> Esta casa é um sinal peculiar da Igreja que peregrina na terra, imagem da Igreja celestial; é a Igreja feliz, a morada de Deus com os homens, o Templo santo, construído com pedras vivas, sobre o cimento dos apóstolos, com Jesus Cristo como suprema pedra angular (pp. 24 e 48).

Um lugar pode e deve contribuir para a oração, a sintonia com a Palavra e a presença viva do Ressuscitado, mas também para a missão.

O lugar no qual vamos celebrar é também um sinal profético que faz acontecer a memória e os projetos, a celebração e seus compromissos, o encontro com Cristo e a abertura para o mundo.

Conclusão

Com este tema continuamos falando do que vem antes da celebração. Alguns acenos podem nos ajudar a prestar atenção e valorizar o que, com facilidade, passa despercebido. Chegar ao lugar da celebração é mais do que o resultado de um simples caminho percorrido. É viver a experiência de uma atitude consciente e livre, resultado de uma concreta motivação de fé. O lugar da reunião também me confirma como Igreja--comunhão, assim como a chegada à minha casa me confirma em minha vida familiar.

Para refletir

- O que significa para mim e minha família o lugar de encontro para celebrar?
- Quando um lugar de encontro favorece ou dificulta a verdadeira celebração?
- Devemos nos importar com o lugar da celebração? Por quê?

4 Fomos acolhidos e acolhemos

Como estamos refletindo, existem elementos relevantes no "antes" da celebração que merecem nossa atenção e cuidado. Cada leitor pode imaginar o que significa saber-se convidado a uma festa e, ao chegar ao local, não ser recebido por ninguém. Ao contrário, como é bom e agradável encontrar, na chegada da festa, alguém que nos acolhe com alegria, confirmando-nos como presença que contribui positivamente para a convivência desse momento especial.

Uma boa e alegre acolhida prepara o clima do encontro e determina uma motivação básica para garantir a participação na vida e nas celebrações de uma comunidade. Assim como a indiferença e a frieza criam nas pessoas a sensação de desconforto, causador de abandonos e afastamentos.

Simplesmente acolher

Numa grande paróquia urbana, uma pessoa influente manifestou ao pároco a disposição de prestar um serviço à comunidade. Sem hesitar, o pároco confiou-lhe a missão de organizar o serviço de acolhida ao povo na porta da igreja, antes das celebrações. Imaginando receber uma proposta mais relevante, exclamou: "Simplesmente acolher?". "Sim!", respondeu o pároco. "Com uma boa acolhida, nossa paróquia vai mudar de rosto e isso fará um grande bem a todos, começando por você!"

Aceitando a missão, após alguns meses de boa acolhida, a participação redobrou e o clima celebrativo mudou por contágio. De um "simplesmente acolher", passou-se a uma inesperada mudança total. A maior surpresa dos que acolhiam as pessoas na porta da igreja foi a de se sentirem sempre mais acolhidas e estimadas pela comunidade.

Palavras e gestos que acolhem

Como em círculos concêntricos, o exercício da acolhida pode começar com um aperto de mão, um gesto e uma palavra humana, até ajudar as pessoas a se sentirem acolhidas na comunidade e amadas por Deus. A humana acolhida gera vínculos, valoriza os presentes e desperta à participação. As relações primárias continuam sempre mais necessárias, quanto mais aumenta o anonimato na sociedade atual.

A vivência do Mistério Pascal celebrado também conta com um caminho humano que contribui eficazmente para tanto. Junto com um bom-dia, boa-tarde ou boa-noite, não custa desejar, a quem chega, uma boa e alegre celebração ou um bom encontro na comunidade. Ressoam bem algumas expressões simples e sinceras: "Que bom que você veio!"; "Seja bem-vindo(a) em nossa celebração!" etc.

Diante das estratégias proselitistas de certos movimentos religiosos, nossa Igreja, formada por discípulos missionários, sente-se provocada a rever algumas estratégias de aproximação, acolhida e animação. A alegre acolhida é sinal de uma existência verdadeiramente cristã. O melhor testemunho da comunidade cristã primitiva – unida na Palavra, na Eucaristia e no Serviço – era a "alegria e simplicidade de coração" (At 2,46).

O Dia do Senhor, momento privilegiado de acolhida

O Dia do Senhor é um momento privilegiado para a convergência com a experiência cristã de fé: leva-nos ao encontro familiar e à conscientização de uma profunda e concreta inserção eclesial. O oposto da convergência seria o isolamento e a dispersão, a insensibilidade e a solidão, concebidas como um vazio. O Dia do Senhor deve ser, por definição, o dia da alegria do encontro: com o Senhor, com a comunidade, com a Igreja, com a humanidade inteira. É aqui que o exercício da acolhida passa a ser uma mediação privilegiada.

Conclusão

Igrejas de portas abertas, pessoas acolhedoras e expressões de alegria atestam uma Igreja em estado de esperança. Igrejas de portas fechadas, indiferença e frieza de relacionamentos humanos atestam falências silenciosas que vão causando prejuízos imensos na vida de nossas comunidades. Sempre é tempo de começar, dando relevância e incentivo ao que nos parece "simplesmente acolher".

Para refletir

- Você já viveu a experiência de ser bem acolhido(a) ao chegar a uma celebração?
- Como motivar a comunidade a organizar, ou incentivar, o serviço da acolhida?
- É verdade que uma boa acolhida pode ajudar no clima de uma celebração? Por quê?

5 Fazemos parte da assembleia

Após termos decidido participar da celebração, depois de nos ter colocado a caminho, tendo chegado ao lugar da celebração, fomos acolhidos e acolhemos.

Agora, fazemos parte da assembleia.

Começo esta reflexão lembrando uma frase significativa do Padre Zezinho: "Quem deseja crer sozinho, crê mal". Se a vida é a arte do encontro, ou seja, a arte de se relacionar, a fé é também um dom e uma responsabilidade a ser acolhida e exercitada em comunhão. A dimensão celebrativa da fé e do amor cristão vai além do devocional-individual, para uma expressão de encontro em assembleia reunida.

Ao entrarmos no espaço litúrgico, sentimo-nos dentro de um ambiente sagrado e especial que facilita, convida e leva ao encontro. Vamos formando uma assembleia e superando individualismos. Ali desaparecem os privilégios e os privilegiados e todos vamos convergindo ao referencial maior, garantido pela fé, na celebração do Mistério Pascal. Este constitui a assembleia celebrante, sujeito da ação litúrgica associada a Cristo, que, embora invisível, é sempre o ator principal. "Onde dois ou mais se reunirem em meu nome, ali eu estarei no meio deles" (Mt 18,20).

Na assembleia litúrgica, uns superam as falhas dos outros, a alegria de alguns contagia a todos, os desafinados se afinam num mesmo coro, a fragilidade de alguns se encoraja com a fortaleza de outros, a dispersão com o tempo cria sintonia, as diferenças enriquecem a unidade e assim vai se formando a consciência de que toda a assembleia é celebrante. O Mistério Pascal a ser celebrado coloca toda a assembleia na dinâmica da vida rumo à plenitude, apesar das nossas resistências e fragilidades humanas.

Eu sou Igreja! Tu és Igreja! Nós somos Igreja!

Quando eu faço parte de uma assembleia litúrgica, estou contribuindo para fazer acontecer a principal manifestação da Igreja de Cristo (cf. *Sacrosanctum Concilium,* n. 41). Na assembleia litúrgica, passamos a superar a comunicação em primeira pessoa "eu" para o plural "nós": bendizemos, rogamos, damos graças etc. O sujeito que reza é sempre o "nós" eclesial. Sou parte da Igreja que se encontra e dialoga com o Senhor.

Quando eu começo a fazer parte da assembleia litúrgica, não só me vejo como membro de uma comunidade localizada, mas vivo a alegria de atualizar e tornar presente a Igreja toda. O jesuíta e teólogo alemão Karl Rahner ilustra bem esse assunto:

> Na comunidade local reunida diante do altar está toda a Igreja do ponto de vista da máxima atualização... Uma comunidade local, mesmo sendo aparentemente apenas uma pequena parte da Igreja, tem em si mesma a presença mais atual e mais íntima de Cristo, que constitui, em seu Espírito, a Igreja.

Estar juntos na fé, um sinal sagrado

Há muitas razões para estarmos juntos e há muitos modos de estarmos juntos. Há o "estar juntos social", motivado por fatos, festas e conveniências. Há o "estar juntos profissional", motivado, ocasionalmente, pela mesma atividade. Há o "estar juntos lúdico", por se gostar de um mesmo esporte etc. E há o "estar juntos na fé e pela fé", possibilitando viver e comunicar um sinal do sagrado. A assembleia litúrgica é este sinal sagrado, uma manifestação da Igreja sacramento de salvação no meio do mundo e da história (cf. *Lumen Gentium,* n. 1; 8; *Sacrosanctum Concilium,* n. 2; *Gaudium et Spes,* n. 40).

Estamos conectados com a História

Vendo-nos já no local da celebração, lembramos a assembleia de culto do povo de Israel no deserto (cf. Ex 19; 24), na terra prometida (cf. Js 24) e depois do exílio (cf. Ne 8; 9). Passamos ao Novo Testamento, após a glorificação de Jesus e a vinda do Espírito Santo (cf. At 2,42-47; 4,32-35). O "estar junto" marca decididamente as aparições do Ressuscitado (cf. Lc 24; Jo 20). O tempo se encarregou e continua se encarregando de configurar um rosto novo das nossas assembleias. O fundamental que justifica nossa participação continua sendo o mesmo. Porém, as questões circunstanciais vão se adequando aos novos tempos e lugares.

Conectados com a vida real

Ao abordar esse tema, eu não esqueço um fato acontecido numa comunidade de bairro que eu atendia. Num encontro de formação, perguntei aos participantes se era a mesma coisa participar das celebrações da comunidade ou não... Um operário muito simples, mas sábio, respondeu: "É muito diferente! Quando eu ando pelo meu bairro e encontro as pessoas que vejo na celebração, me sinto acolhido e tenho facilidade de acolher. Quando vejo alguém que esteve comigo na celebração, sei que esta pessoa crê e reconhece o mesmo Deus. Então me aproximo sem medo. Isso me anima a participar sempre mais da comunidade".

O depoimento desse operário supera a dicotomia de uma prática religiosa separada da vida real. Nós, que somos família, trabalhamos, estudamos, usufruímos momentos de lazer, fazemos parte da assembleia litúrgica. A presença que nos reúne é o Cristo Ressuscitado, cabeça da Igreja, da qual somos membros.

Para refletir

- Quando vou à celebração, tenho consciência de fazer parte da assembleia e de ser Igreja?
- Que significa "estar juntos" na fé e pela fé?
- Para a vida do dia a dia, o que significa participar da celebração em comunidade?

6. Ensaiamos os cantos da celebração

Após termos decidido participar da celebração, depois de nos ter colocado a caminho, tendo chegado ao lugar da celebração e sermos acolhidos e acolhermos, fazemos parte da assembleia, e ensaiamos os cantos da celebração.

Começo a reflexão registrando um depoimento pessoal. Dos meus anos de ministério sacerdotal, mais de vinte deles vivi e atuei como pároco em quatro paróquias diferentes. Dentre as tantas teimosias pastorais, destaco o ensaio de canto com as pessoas que chegam antes à igreja, para a celebração. Aceno aqui para a experiência pastoral na Paróquia Santo Antônio do Partenon, em Porto Alegre (RS). Destaco nesta paróquia uma das virtudes de um significativo número de participantes das missas. É a virtude de chegar bem antes do horário determinado para a celebração. Este tempo é precioso! Possibilita uns vinte minutos de ensaio de canto, de orações e alguns recados evangelizadores.

Diferença evidente

É notória a diferença entre iniciarmos a celebração sem antes ser preparada e iniciarmos após uma preparação, mesmo com seus limites. Quando os ministros do canto litúrgico deixam de ensaiar e preparar o momento celebrativo, porque o povo chega na hora ou atrasado, facilmente se desencadeia um círculo vicioso. Deixa-se de investir em qualidade e a celebração começa com baixo nível de sintonia. Uma desmotivação nunca vem sozinha. A santa teimosia de ensaiar, mesmo que seja com um número reduzido de pessoas, vai contagiando o ânimo e criando um círculo virtuoso de entusiasmo e motivação.

Exercitar atenções e dinamismos

Um time de atletas que leva a sério a partida e tem consciência do seu valor não entra em campo de repente, improvisadamente. A concentração anterior e os exercícios práticos de aquecimento corporal são um fator de comprovada relevância, não só para o dinamismo pessoal do atleta, mas para exercitar a consciência da mútua cooperação e contágio dinâmico e motivador. Assim é a importância do ensaio antes da celebração. O canto litúrgico é um dos mais importantes elementos de comunhão de uma assembleia.

Todos sabemos da dispersão a que somos expostos no cotidiano. As circunstâncias da vida, com seus apuros, correrias e ruídos, facilmente nos viciam na superficialidade e nos distanciam da experiência do Mistério. Não podemos nos conformar com a mediocridade. A liturgia bem preparada e bem celebrada nos ajuda a resgatar o fundamental, em que vamos edificando vida e convivência consistentes.

Assim sendo, é importante valorizar também o que vem antes e pode nos assegurar um caminho favorável de sintonia com o Mistério. O ensaio dos cantos e a preparação da liturgia poderão nos ajudar. Para tanto, sugerimos alguns passos simples e práticos:

a) Começamos ouvindo a melodia, recordando o canto conhecido, ou aprendendo algum canto novo; observamos atentos a beleza e o significado do texto e procuramos ser fiéis à melodia configurada pelo compositor.

b) A partir do ensaio, observamos o sentido teológico das palavras. Assim, vamos ampliando a comunicação e cantamos com inteligência, consciência e verdadeira participação.

c) Antes mesmo de integrar o canto, como parte do todo da celebração, já vamos experimentando e vivenciando a ação do Espírito Santo e o sentido da aproximação ao Mistério. "Outrossim, o Espírito vem em auxílio da nossa fraqueza; porque não sabemos o que devemos pedir, nem orar como convém, mas o Espírito mesmo intercede por nós com gemidos inefáveis" (Rm 8,26).

Conclusão

Existem pequenas atenções que podem fazer acontecer grandes efeitos. Um povo que aprende a cantar os hinos de sua fé e sabe integrá-los na celebração do Mistério Pascal comunica ao mundo o sentido da própria crença e publica as razões de suas esperanças. O simples fato de cantar já é considerado significativo. Cantar com beleza e inteligência torna-se certamente uma fonte contagiante de encontro com o Mistério que se faz permanente surpresa e encantamento.

Para refletir

- Qual a diferença de uma liturgia sem canto e uma liturgia bem cantada?
- Qual a importância do ensaio antes da celebração?
- Que passos poderão nos ajudar no ensaio de canto com a assembleia?

7 Vamos começar a celebração

Após o ensaio dos cantos para a celebração, é conveniente convidar a assembleia a entrar em clima de silêncio e sintonia. Um refrão meditativo pode ajudar a concentração. Por exemplo: "Desde a manhã preparo uma oferenda e fico, Senhor, à espera do teu sinal", ou "Indo e vindo, trevas e luz, tudo é graça, Deus nos conduz", ou "Ele me amou e se entregou por mim", ou ainda "Onde reina amor, fraterno amor, onde reina amor, Deus ali está" etc.

Enquanto se canta o refrão meditativo, é bom que se valorize o gesto de acender a vela, ao lado do altar. Uma vela que se acende é uma linguagem simbólica importante que nos convoca a iniciarmos um momento forte de fé e aponta para a Luz do Cristo Ressuscitado, vencedor das trevas e presença iluminadora em nossa história.

A procissão de entrada

Caminhar e viver a procissão é um movimento expressivo de nossa fé. Nossa liturgia é ação que se expressa numa linguagem total, na qual se conjugam o gesto, a Palavra, a música e até mesmo a dança. A procissão de entrada, mesmo realizada apenas pelo presidente com os ministros, torna-se uma ação ritual. Expressa o caminhar do povo dos batizados convergindo para o altar, unidos ao Cristo, verdadeiro sacerdote, representado na pessoa daquele que preside em nome da Igreja.

Nessa procissão de entrada podem ser levados castiçais, a cruz, o círio, o livro da Palavra de Deus e, em ocasiões especiais, também o incenso. É nesse momento que se constitui a comunidade para a celebração da Eucaristia.

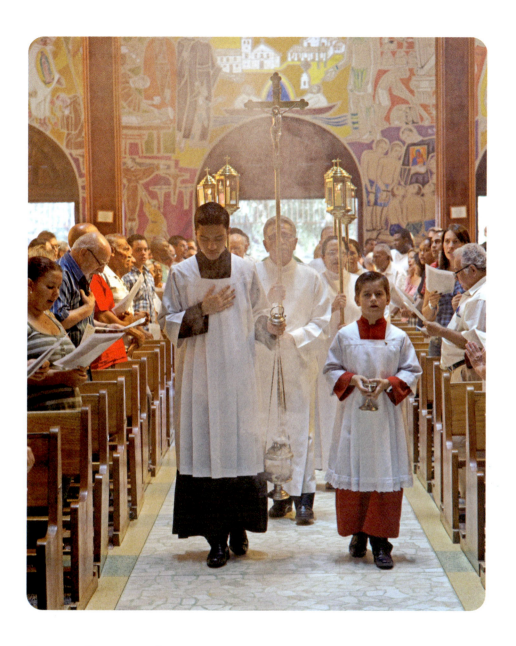

Canto de entrada

O canto inicial acompanha o rito de entrada. A procissão que converge para o altar convoca os participantes para a unidade, a alegria e o entusiasmo de uma assembleia celebrante. A função desse canto é bem característica:

- abrir a celebração;
- animar a assembleia e incentivar o sentido festivo do encontro;
- conectar a mente, o coração e a vontade dos participantes no sentido do tempo litúrgico que se vive ou da festa que se celebra;
- acompanhar a entrada em unidade com o presidente da assembleia e os ministros.

O cuidado e a atenção na abertura ajudam a continuar vivendo até o fim da celebração o Mistério Pascal, como Boa-Nova. Daí a importância de se criar um clima de comunhão fraterna no Senhor. A reunião litúrgica é a principal manifestação da Igreja como tal. E o canto de entrada reúne as vozes, aproxima os dispersos e convida a todos a entoar o mesmo hino de esperança.

Quem canta

É a finalidade do canto que vai definir quem deve participar dele. O povo não pode ser excluído da participação do canto processional de entrada. Há diversos modos de participação que podem ser utilizados de forma coerente com o rito:

- O povo canta alternado com o coral.
- Um ou uma solista entoa uma parte e o povo responde.
- O povo em geral canta todo o canto.

Conteúdo do canto de entrada

"Um canto será tanto mais litúrgico, quanto mais intimamente estiver ligado à ação litúrgica" (*Sacrosanctum Concilium,* n. 112). Assim sendo, o canto de entrada se torna mais propício quanto mais e melhor fale de convocação e reunião dos participantes, em disposições pessoais e comunitárias para ouvir e acolher a Palavra e participar do Mistério Pascal. Liturgicamente são relevantes as letras que caracterizam o tempo litúrgico ou a festa celebrada.

Para que a letra do canto de entrada tenha um melhor conteúdo litúrgico, pode-se usar a antífona de entrada com seu salmo correspondente. Hoje, mais do que nunca, é necessário que a letra dos cantos seja de conteúdo bíblico, evitando o sentimentalismo vazio. A música litúrgica, antes de mais nada, é serva da Palavra de Deus.

Para refletir

- Que é indicado para começar bem uma celebração?
- Que características deve ter um canto de entrada?
- Com que variantes pode-se entoar um canto de entrada?

8 Atentos ao altar

A procissão e o canto de entrada não são um ritual de conveniência, mas uma caminhada de convergência do povo de Deus em direção à mesa da celebração. Como não há casa de família, por mais pobre que seja, sem a mesa da refeição, assim também não há comunidade cristã sem a mesa do grande banquete da vida, que é a Eucaristia. "Chegando ao presbitério, o sacerdote, o diácono e os ministros saúdam o altar com uma inclinação profunda. Em seguida, em sinal de veneração, o sacerdote e o diácono beijam o altar, e o sacerdote o incensa, se for oportuno" (Instrução Geral sobre o Missal Romano – IGMR, n. 49).[1]

Saudar comunicando amor

A Instrução Geral sobre o Missal Romano refere-se à saudação. Esta se expressa por uma profunda e reverente inclinação. Trata-se de uma ação ritual significativa, pois na saudação se estabelece uma relação de vida, aproximação e diálogo. À primeira vista, saudar o altar dá a impressão de ser uma atitude apenas ritualista e fria. Porém, no seu verdadeiro sentido é um rito que expressa relação cordial com Aquele a quem o altar representa.

Assim se expressa o Prefácio V da Páscoa: "Pela oblação do seu corpo na cruz levou à plenitude os sacrifícios antigos e, entregando-se a vós para nossa salvação, revelou-se, ao mesmo tempo, sacerdote, *altar* e cordeiro". Segundo a tradição da Igreja, sempre se proclamou que "o altar é Cristo". Portanto, a saudação que se faz pretende comunicar uma viva e atenta relação de amor e de fé ao Senhor presente. Necessário se faz passar do símbolo ao simbolizado para que a ação ritual seja expressão que brota da sinceridade da fé.

---

[1] *Instrução Geral sobre o Missal Romano*. Terceira edição. Comentários de José Aldazábal. São Paulo: Paulinas, 2024.

O beijo no altar

Tudo o que vira rotina não fala mais. A relevância dos pequenos gestos vem de um coração atento e em sintonia com o mistério. Tanto quem faz a ação ritual como quem acompanha e vê o gesto do beijo no altar precisam cultivar uma motivação especial para que se torne um rito significativo e verdadeiro.

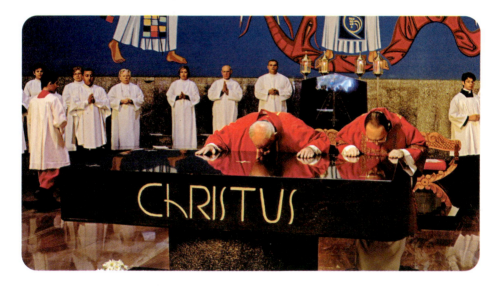

O beijo no altar é uma ação ritual que vem sendo praticada desde o século IV e expressa simbolicamente um gesto de amor pela "mesa do Senhor", pois é a mesa que atualiza a aliança celebrada no banquete da vida, onde somos convidados a participar do Corpo e do Sangue do Senhor. No beijo, há uma expressão de intimidade sagrada e simbólica feita de fé e respeito antes de começar a celebração. Com o tempo, foram acrescentados outros argumentos simbólicos que justificassem o beijo do altar. Mencionamos alguns:

- Gesto de reconhecimento ao próprio Cristo, comparado com a pedra fundamental (cf. 1Cor 3,10-11) ou com o rochedo (cf. 1Cor 10,4).
- Gesto de veneração aos santos mártires, que misturaram seu sangue ao Sangue de Cristo. Daí a tradição das relíquias na pedra de ara (pedra benta, colocada no centro do altar, sobre a qual ficam o cálice e a hóstia consagrada).

- Na atualidade, resgata-se o sentido original. O beijo no altar é sinal de reverência e afeto pela mesa onde é celebrada a Eucaristia. Já que o altar é Cristo, é a ele que damos o beijo do reconhecimento e da adesão a seus projetos. Afetiva e efetivamente nos envolvemos nesta aliança que ele selou definitivamente no altar da cruz.

Dignidade do altar

Não é em vão que a Igreja, em suas orientações litúrgicas, pede que se dê a merecida atenção ao altar. Altar não é depósito de objetos de uso da comunidade. Não é lugar para exibir enfeites, nem para sobrepor um conjunto de símbolos. A dignidade do altar exige que seja cuidado e tratado tão somente como altar. Sobre ele coloque-se uma toalha branca, preferencialmente de linho. A seu lado, pode-se colocar a vela, a cruz e um arranjo de flores. Porém, sobre ele, na liturgia eucarística, coloquem-se apenas o Missal e o cálice com os outros objetos litúrgicos adequados. A nobre simplicidade deverá destacar o Mistério celebrado.

Conclusão

Assim como em toda a vida litúrgica da Igreja, a atenção dada ao altar não quer ser uma preocupação detalhista e escrupulosa, mas um cuidado dentro do conjunto de cuidados que ajude a educar a fé e a celebrar com dignidade. Não é difícil, em nossos dias, cair num relativismo prático que vai tirando o encantamento da vida cristã. O cuidado das partes ajuda a nos relacionar bem com o todo da celebração, que precisa transparecer o Mistério Pascal com plena força de transformação e vida.

Para refletir

- Para onde deve convergir a procissão de entrada da celebração litúrgica? Por quê?
- Qual o sentido da saudação e do beijo no altar?
- Onde está a força simbólica do altar?

9 Marcados com o sinal da cruz

Na assembleia litúrgica, encontramo-nos como povo dos batizados, que se reúne para celebrar, em "nome do Pai e do Filho e do Espírito Santo. Amém!". Marcados com o sinal da cruz, confessamos a nossa fé: Deus nos salvou na cruz de Cristo, a ele pertencemos e por ele nos declaramos os amigos para os quais ele deu a vida. "Ninguém tem maior amor do que aquele que dá a vida por seus amigos" (Jo 15,13).

O sinal da cruz nos envolve na totalidade do ser e nos convoca a superar o fechamento sobre nós mesmos para viver, conviver e agir no amor e para o amor. Nós não existimos nem agimos em nosso nome. Somos e agimos em nome de Deus Trindade. "É nele que nós temos a vida, o movimento e o ser" (At 17,27b-28a).

O primeiro a fazer o sinal da cruz

O sinal da cruz não é uma invenção humana, nem uma fórmula mágica para espantar o mal. Quem, primeiro, fez o "sinal da cruz" foi o próprio Cristo, conforme nos confirma a Oração Eucarística sobre Reconciliação I: "Antes, porém, de seus braços abertos traçarem entre o céu e a terra o sinal permanente da vossa aliança...".

As primeiras pinturas e esculturas da cruz apresentam o Cristo glorioso. Está na cruz, mas é vencedor. Ele é o Crucificado-Ressuscitado que autoriza o sinal da cruz como o sinal do cristão, seu discípulo missionário, marcado constantemente pelo amor do Pai e pela força transformadora do Espírito Santo.

A cruz é a grande escola do Mestre que nos apresenta um Deus próximo que venceu o mal e a morte com a própria dor e se tornou a maior expressão de amor. É neste sinal vivo que encontramos a reconciliação e a Nova Aliança entre a humanidade e Deus. Nesta cruz está a luz. Ali está centrada a Boa Notícia do Evangelho e a veracidade do Mistério Pascal.

Com o sinal da cruz começa a liturgia

Após a saudação e o beijo do altar, o presidente da celebração inicia a ação ritual com o sinal da cruz. O povo dá seu consentimento e responde: "Amém". Como assembleia, colocamos toda a nossa vida e missão no coração da Trindade. Conforme a Instrução Geral sobre o Missal Romano, esse rito tem como finalidade: "Fazer com que os fiéis, reunindo-se em assembleia, constituam uma comunhão e se disponham para ouvir atentamente a Palavra de Deus e celebrar dignamente a Eucaristia" (46).

O sinal da cruz que abre a celebração eucarística não é outro, mas é o mesmo que nos marcou no Batismo. Vamos celebrar porque todos somos batizados; pertencemos ao povo dos seguidores de Cristo; formamos o povo sacerdotal que se encontra para viver a "fonte e o cume" da vida cristã, assumindo a sua cruz na vida de cada dia.

O Cristo que morreu na cruz é o Filho de Deus que nos deu o seu Espírito. Trindade e cruz estão intimamente relacionadas. Nossa vida e missão que convergem para a Eucaristia se renovam e se revigoram nesse dinamismo de comunhão. Assim revigoradas, a vida e a missão retomam o cotidiano, com suas cruzes e suas luzes, para que a vida toda se torne um caminho pascal.

Conclusão

Por estarmos tão habituados a ver a cruz e fazer o sinal da cruz, necessitamos constantemente nos alertar para seu significado. Nós, cristãos, "não temos outro título de glória, a não ser a cruz de nosso Senhor Jesus Cristo" (Gl 6,14). A cruz é o maior símbolo do estilo de vida que Cristo nos propôs: "Se alguém quer vir após mim, renuncie a si mesmo, tome a sua cruz e siga-me" (Mt 16,24).

A cruz, além de evocar constantemente o Crucificado-Ressuscitado, é também a porta-voz de todos os que choram, sofrem e morrem. Ao mesmo tempo é a garantia e a proclamação de vitória para todos.

Para refletir

- Onde está a razão de a cruz ser um sinal tão importante na vida do cristão?

- Quem primeiro fez o sinal da cruz?

- Que pensamentos devemos cultivar para não cairmos na indiferença diante da cruz e na rotina ao fazermos o sinal da cruz?

10 Saudação de amor

A saudação faz parte de um encontro significativo e desejado. Pode ser o começo de uma amizade e de uma relação enriquecedora. Saudar e ser saudado parece uma formalidade, mas pode se tornar um caminho de agradável convivência e familiaridade. Não há sensação mais desagradável do que estar junto com pessoas e se sentir um estranho no ninho, onde se é visto com indiferença ou como uma presença anônima. A saudação rompe barreiras, cria laços de cordialidade e faz acontecer uma comunhão que nos vincula como parte importante no todo de um grupo ou de uma assembleia.

Nos ritos iniciais da celebração litúrgica, também acontece uma saudação especial. "Executado o canto da entrada, o sacerdote, de pé, junto à cadeira, faz o sinal da cruz com toda a assembleia; a seguir, pela saudação, expressa à comunidade reunida a presença do Senhor. Essa saudação e a resposta do povo exprimem o mistério da Igreja reunida". (IGMR, n. 50).

A presença do Senhor

Para uma comunidade que se encontra a fim de celebrar o Mistério Pascal, fica bem evocar aquela presença que surpreendeu os apóstolos reunidos com a saudação de paz. "Na tarde do mesmo dia, que era o primeiro da semana, os discípulos tinham fechado as portas do lugar onde se achavam, por medo dos judeus. Jesus veio e pôs-se no meio deles e lhes disse: 'A paz esteja convosco!'" (Jo 20,19). A presença do Ressuscitado faz ressoar aquela insistente saudação de paz, porque ele inaugura o tempo da plenitude dos dons que Deus garante aos que vivem reunidos nele.

Mais do que um bom-dia, boa-tarde ou boa-noite, a saudação inicial confirma a natureza de toda a celebração e mostra aquela relação com a Trindade, na paz e no amor do Ressuscitado. Por ser tão expressiva e importante, a Igreja comunica esta saudação com palavras bíblicas. No Missal Romano, há diversas fórmulas para serem escolhidas. É claro que precisamos superar o formulismo e o formalismo e torná-las vivas para uma relação de intensa cordialidade.

Por expressar a presença do Senhor, o modo como se proclama a saudação deverá provocar alegria e entusiasmo, contagiando toda a assembleia para o grande encontro de uma Igreja viva com o Senhor que faz comunhão com seu povo.

"Bendito seja Deus que nos reuniu no amor de Cristo!"

A resposta da assembleia à saudação de quem preside começa proclamando aquela justa ação de graças a Deus. É ele quem convoca seu povo em Cristo, para comunicar suas maravilhas e constituí-lo em permanente assembleia. Em Cristo, Deus reúne a comunidade dos discípulos missionários, para celebrar a mesma fé e renovar o compromisso de amor-caridade.

Deus não cessa de reunir os seus filhos sempre expostos à dispersão, ao individualismo, à exclusão e ao pecado. Sabemos que nossa cultura atual é marcada pela forte tendência ao isolamento, ao distanciamento e a relações de desconfiança. A assembleia litúrgica que se reúne no amor de Cristo é também uma forma profética que denuncia esta tendência e anuncia novas relações redimidas que são um sinal antecipado de uma eterna comunhão no amor para a qual todos somos chamados.

Fica bem quando se canta a saudação e quando o povo responde cantando: "Bendito seja Deus que nos reuniu no amor de Cristo". Com gestos e olhar, podemos expressar alegria pela graça de Deus que reúne e pela presença dos outros que formam a mesma comunidade celebrativa; podemos superar a frieza de um modo mecânico e rotineiro de rezar, tornando-o uma expressão de vida, revestida de alegre comunhão com o Senhor, com os irmãos e as irmãs; bendizemos a Deus que nos uniu de novo em seu amor. Nele, em cada celebração nos é oferecido algo novo para o momento de nosso viver e conviver de cada dia.

Conclusão

Tudo o que se vive com grande amor e significado ressoa com uma força contagiante e animadora. O que se faz como rotina e conveniência ritualista fica sem alma, aborrece e não motiva as pessoas a retornarem à assembleia. Uma simples e breve saudação comunicada com intensidade de fé, sintonia e amor pode desencadear uma caminhada celebrativa cheia de vida e entusiasmo. Evidentemente, tudo isso clama por formação, reflexão, contemplação, para se tornar experiência de vida. Creio que o "antes da celebração" pode ser um breve momento para ajudar a comunidade a ampliar a consciência do que diz e do que faz.

Para refletir

- O que significa o fato de nos saudarmos no dia a dia?
- Conforme a Instrução Geral sobre o Missal Romano, o que expressa a saudação inicial?
- Como podemos tornar uma fórmula de saudação numa experiência de vida e de fé?

11 Ato penitencial

O clima pascal deve marcar também o ato penitencial. A celebração da fé não é uma ação para deprimir, menos ainda para reprimir, mas para libertar, fazer respirar vida nova e fortalecer a confiança no Senhor. Nele, todos os caminhos de esperança se abrem para *relações redimidas*. Como é importante estar de bem com a vida! Nossos ranços e pecados fazem mal para nós mesmos, afastam-nos da convivência e vão desgastando as melhores aspirações humanas.

Ninguém nasce totalmente harmonizado consigo, com os outros, com o mundo e com Deus. O Salmo 51(50),7 reza: "Vede, Senhor, que eu nasci na iniquidade e no pecado minha mãe me concebeu". Em Cristo, nosso viver é um caminho pascal marcado por mortes e ressurreições. Como faz bem reconhecer nossa condição humana e acolher o amor misericordioso de Deus e a solidariedade da comunidade! Nosso Deus nunca dá atestado de desengano a ninguém. Em seu coração há sempre a possibilidade e a esperança da redenção. Deus respeita nossa liberdade, mas não cansa de esperar e propor a sua misericórdia.

O ato penitencial da celebração não é o sacramento da confissão. Porém, pode ajudar a reconhecer e discernir nossos pecados e nos motivar para o sacramento. Como parte dos ritos iniciais, o ato penitencial possibilita a alternância de quem caminha na fé; reúne-se ao redor da mesa; põe-se em sintonia com a Trindade; acolhe a saudação; sente-se integrado na assembleia e se reconhece parte do povo santo e pecador. Contudo, de coração aberto, cultiva a sinceridade do amor e conta com o perdão de Deus: "Vós amais os corações que são sinceros, na intimidade me ensinais a sabedoria" (Sl 51[50],8).

Um convite à penitência

Como Jesus, que inicia a sua pregação com o convite: "Convertei-vos e crede" (Mc 1,15), o sacerdote convida a assembleia à penitência.

As diversas fórmulas sugeridas no Missal Romano apontam para a dignidade do mistério celebrado; motivam a pessoa ao encontro com Jesus, que nos reconcilia com o Pai; e destacam a comunhão e a participação no banquete da mesa da Palavra e da Eucaristia.

O convite à penitência pode parecer desconfortável na cultura atual. Porém, esse convite deveria ser acolhido com toda a alegria, pois é mais uma chance para que ajustemos a vida e a coloquemos de acordo com a vontade de Deus. Esta, sim, é a vontade que mais nos convém.

No convite à penitência, lembramos o que disse Jesus: "Não vim chamar os justos, mas os pecadores ao arrependimento" (Lc 5,31-32). Assim, todo verdadeiro penitente contempla e julga o seu passado, confronta-se com Cristo, sabendo que é por sua estatura que todos deveríamos nos medir (cf. Ef 4,13). A avaliação do que é verdadeiro e justo (cf. Fl 4,8) nos faz crescer ao encontro daquela verdade que realmente nos liberta.

Um convite a silenciar

O convite à penitência é um convite a silenciar. Um breve silêncio é feito para que, cada pessoa, com sua liberdade e responsabilidade, examine sua caminhada de fé, retome as razões de sua esperança e se disponha ao amor.

O convite a silenciar é sempre benéfico num tempo de vida agitada e de tantos ruídos. Nesse clima, não é difícil para a pessoa se deixar arrancar de sua sagrada interioridade e levar adiante uma vida medíocre, vazia e carente de sentido. O momento de silêncio do ato penitencial pode contribuir muito para a pessoa integrar também o negativo da vida e se dispor a um novo caminho. Segundo Ione Buyst, "assim a celebração litúrgica poderá assumir a dor, a angústia, a alegria, a esperança, a vida de cada participante".

A água que renova nosso Batismo

Sendo que o domingo é nossa Páscoa semanal, é recomendável que se faça a bênção e a aspersão da água, particularmente no Tempo

Pascal. O povo aprecia muito os sinais sensíveis e significativos. Com maturidade, podemos ajudar a comunidade a acolher o rito da aspersão, superando a visão mágica e devocional, conectando esse rito com o Batismo. A água da vida, sempre nova, em Cristo, faz do ato penitencial uma experiência de esperança e fidelidade ao compromisso assumido.

Conclusão

Por sermos humanos, somos seres em constante exercício. Necessitamos trabalhar relações redimidas. Estas são entrelaçadas. Uma clama pela outra. A reconciliação com Deus incide na boa relação comigo mesmo, com os outros e com o mundo. Uma relação ajustada fecunda as outras relações. Estas vão edificando todo o nosso ser e o nosso agir em estado de harmonia. Conversão é processo que se faz com muitas ajudas. Cremos que o ato penitencial pode ser uma dessas ajudas ao alcance de todos, permanentemente.

Para refletir

- Como sentimos e vivemos o ato penitencial das nossas celebrações?
- Como podemos melhorar a prática desse momento penitencial no rito inicial?
- Que elementos não podem faltar na motivação do ato penitencial?

12 O "Glória"

A primeira afirmação é que o "Glória" faz parte da celebração como um forte hino de louvor. Esta forma orante encontra uma justificativa no Prefácio Comum IV do Missal Romano: "Ainda que nossos louvores não vos sejam necessários, vós nos concedeis o dom de vos louvar. Eles nada acrescentam ao que sois, mas nos aproximam de vós, por Jesus Cristo, vosso Filho e Senhor nosso". Esta é uma chave que nos ajuda a clarear a razão do "Glória" que a Igreja incorporou à missa.

O "Glória", que segue ao Rito Penitencial, nos coloca dentro de um horizonte de exultação, diante do Cristo que nos vincula à ação amorosa da Trindade. É um hino que tem sua origem no século II. Ele começou a fazer parte da liturgia romana por ocasião do Natal. Inicia-se com as palavras do canto dos anjos de Belém: "De repente, juntou-se ao anjo uma grande multidão de anjos. Cantavam louvores a Deus, dizendo: 'Glória a Deus no mais alto dos céus, e paz na terra aos homens por ele amados'" (Lc 2,13-14).

Até o século VI, somente os bispos o entoavam na missa de Natal. Tempos depois, os presbíteros também foram integrando o hino, como gesto de comunhão com seus bispos, somente uma vez por ano: no grande dia do Natal. No século XI, passou a ser entoado de forma generalizada. O "Glória" é de origem oriental e juntamente com o hino "Luz radiante" une as Igrejas do Oriente e do Ocidente.

Instrução Geral sobre o Missal Romano

A atual Instrução Geral sobre o Missal Romano deixa claro alguns pontos para a compreensão e correta utilização desse hino em nossas liturgias. É bom lembrá-los:

- A Igreja, reunida no Espírito Santo, glorifica e suplica a Deus e ao Cordeiro.

- Nenhum texto pode ser substituído por outro.
- O "Glória" é entoado pelo sacerdote ou, se for o caso, pelo cantor ou o grupo de cantores.
- É recomendável a alternância em dois coros, quando é cantado e quando é rezado.
- Canta-se ou reza-se o "Glória" nos domingos, exceto no tempo do Advento e da Quaresma, e nas solenidades e festas e em celebrações especiais mais solenes.

É ideal que o hino seja cantado

A própria palavra "hino" já traz consigo a intenção de que seja cantado, ou ao menos proclamado com solenidade. A melodia soleniza a Palavra, respeita sua forma e ajuda a mantê-la na sua originalidade. Basta lembrar as missas solenes compostas por nossos clássicos da música, como Mozart, Bach, Beethoven etc. A música ajudou a imortalizar as palavras do hino. É claro que toda essa arte também fez com que se tornasse uma peça clássica para iniciados, tirando-lhe o alcance popular e a consequente participação consciente e ativa.

O Concílio Vaticano II convocou a Igreja a favorecer, de todos os modos, a participação da assembleia. No desejo de responder a esse apelo, foram surgindo composições de muitas formas para que o povo pudesse cantar o "Glória". Não faltaram tentativas de justificar sugestões de letras, até mesmo de músicas. Neste tempo de buscas também se cruzaram reflexões sobre a própria natureza do "Glória". Pregou-se que o "Glória" seria um hino à Trindade, um hino cristológico ou um hino de louvor a Deus Criador.

Com a Instrução Geral sobre o Missal Romano, tudo começou a clarear. A própria CNBB (Conferência Nacional dos Bispos do Brasil) procurou oferecer uma formatação do "Glória", mais poética e baseada no tradicional hino da Igreja: "Glória a Deus nos altos céus, paz na terra aos seus amados...". Evidentemente, Cristo é a referência central, o mediador e o Santo de Deus, na unidade do Espírito Santo.

Confirmando o que foi dito, lembramos como Santo Agostinho definiu o que é um hino:

Sabem o que é um hino? É um canto com louvor a Deus. Se você louva a Deus e não canta, não diz um hino. Se você canta e não louva a Deus, não diz um hino. Se louva algo que não pertence ao louvor de Deus, ainda que louve cantando, não diz um hino. O hino, por conseguinte, consta de três coisas: do canto, do louvor e de que este seja dirigido a Deus. Portanto, denomina-se hino o louvor de Deus cantado.

Conclusão

O tradicional hino do "Glória" vai além de um conteúdo formal e doutrinal. Passa para o modo afetivo de uma viva relação com Deus, em Jesus Cristo, na unidade do Espírito Santo. As palavras e as frases são um grande elogio a Deus, que tudo tem a ver conosco. É um convite para que vivamos uma relação vinculante e amorosa com ele. Importa superar a fórmula e torná-la uma expressão de amor e fé.

Para refletir

- Em que fato tem origem o hino do "Glória"?
- Qual é a melhor forma de expressá-lo na missa que celebramos?
- O que nos ensina a Instrução Geral sobre o Missal Romano a respeito do "Glória"?

13 Oração do dia – Coleta

As celebrações litúrgicas de nossa Igreja realizam e tornam possível uma alternância de formas, modos e ritos que comunicam e promovem o dinamismo do encontro da comunidade com o Mistério Pascal. Após o Ato Penitencial, que proclama a ação misericordiosa de Deus, e após o Hino de Louvor, somos convidados, por quem preside a celebração, a entrar em clima de oração.

Terminado o Ato Penitencial, ou o hino do "Glória", o presidente da celebração, de forma clara e convincente, pronuncia a palavra "oremos". É um convite para que a assembleia se ponha em sintonia. O modo como é feito o convite e o tom proclamado podem determinar a densidade da resposta de um povo reunido. O silêncio que se cria no ambiente da celebração comunica a força da sintonia, ou a fraqueza da indiferença e da rotina.

Da parte de quem preside, a proclamação do "oremos" deverá ser animada por uma grande força interior de quem crê na comunhão que vai se estabelecer naquele silêncio a ser vivido. Uma breve palavra-convite, um breve silêncio que se estabelece, faz com que cada pessoa coloque diante de Deus as próprias motivações e intenções. Assim se estabelecem uma misteriosa sintonia de viva solidariedade e um intenso clima orante.

Uma presença e um encontro confiante

O sentido e a finalidade do convite e do silêncio é o de "dar-nos conta" de que estamos na presença de Deus. A própria palavra coleta é um convite a recolher e superar a tentação da dispersão e da superficialidade. Sabemos como aumentam as tentações de fuga, das quedas no vazio e de um viver como se Deus não existisse. Cada vez que somos convidados à oração do dia pelo "oremos", despertamos como Jacó daquele sonho descrito em Gênesis 28,10-22, onde confessa a sua sinceridade de fé: "De fato, o Senhor está neste lugar, e eu não sabia disso".

Por ser tão viva, constante e, ao mesmo tempo, tão misteriosa, a presença de Deus só pode ser vista e sentida com o terceiro olho e o terceiro ouvido do coração. Daí a necessidade do sagrado recolhimento no silêncio do ser, onde acontece a mais verdadeira conexão do coração de Deus e do coração humano. É assim que vai ser sincero o diálogo, a interlocução, que fazemos ao comunicarmos as nossas motivações e intenções.

Faz uma grande diferença quando falamos ao vento, quando pedimos ou agradecemos de forma vaga e sem endereço, e quando nos expressamos na presença de alguém a quem confiamos. Assim a nossa oração da coleta torna-se uma experiência de vida com o Deus da vida, de quem viemos, em quem vivemos e para quem retornaremos.

Deus, que nos convoca a formar a assembleia litúrgica, se interessa por nós e por tudo o que diz respeito ao nosso viver e conviver. A ele, nada do que pertence à nossa vida é estranho, nem mesmo o nosso pecado.

Verdadeiro sentido da coleta

A língua latina nos ajuda a entender o verdadeiro sentido da palavra coleta – *colligere*, "recolher a oração do povo feita em silêncio". É a súplica do povo sacerdotal que exercita o diálogo da aliança e vai construindo na fé a sua história, integrada na celebração do Mistério Pascal sempre atual e transformador.

A Oração da Coleta é uma oração presidencial que expressa a índole da celebração, conforme a festa do dia ou o tempo litúrgico que se vive. Se prestarmos bem atenção ao conteúdo da oração, teremos sintonizado com o coração da liturgia do dia.

Por ser uma oração presidencial, não implica se tratar de um monólogo. O escutar do coração também prepara uma resposta de adesão sincera e livre. Esta se expressa no "Amém" do povo, quando quem preside conclui com a fórmula trinitária. O povo aclama, manifestando-se de acordo com o que foi rezado ao Senhor. Amém, isto é, que assim seja! É isso que nós queremos e nisso que nós cremos! É uma certeza que brota da experiência bem-sucedida de comunhão.

Para refletir

- Você já se deu conta do valor e do significado da oração do dia, ou da coleta da missa?
- O que esta oração realmente quer despertar em nós que participamos?
- Qual é a importância do "Amém" que pronunciamos no final da oração?

14 A mesa da Palavra

Os ritos iniciais são concluídos com a oração chamada Coleta. Toda essa abertura tem como finalidade despertar a sensibilização e o tempo da convocação. Pode ser também o tempo da provocação em vista do que vem depois. Agora centralizamos toda a nossa atenção, afeição e acolhida na *liturgia da Palavra*.

Um apelo do Concílio Vaticano II

Atento e sensível à urgente necessidade do Pão da Palavra e ao difícil acesso do povo a essa mesa da vida, o Concílio Vaticano II clama: "A mesa da Palavra de Deus seja preparada com mais abundância para os fiéis" (SC, n. 51). Os novos lecionários são uma resposta pronta a esse apelo. Aliás, convém recordar que uma das grandes revoluções do

Vaticano II se situa na aproximação da Palavra de Deus à vida das comunidades e à vida cristã da Palavra de Deus. Uma canção que fiz nos anos 1990 diz no refrão: "Quando a vida e a Bíblia se encontram, o povo começa a andar em rumos de liberdade que fazem a história mudar".

Em outra passagem, o Concílio também pede que se cumpra outra grande instrução: "É preciso fomentar aquele amor suave e vivo para com a Sagrada Escritura que testemunha a venerável tradição dos ritos, tanto orientais como ocidentais" (SC, n. 24).

A importância vital do Pão da Palavra já era confirmada por Santo Agostinho, quando dizia: "A Palavra de Deus não é menos importante que o Corpo de Cristo". Nos últimos tempos, o Sínodo sobre a Eucaristia e o Sínodo sobre a Palavra de Deus na Vida e Missão da Igreja retomam com toda a força essa unidade fecunda da mesa da Palavra e da mesa da Eucaristia.

A Palavra de Deus celebrada

O valor litúrgico da Palavra de Deus confirma os múltiplos tesouros da única Palavra, seja na caminhada do Ano Litúrgico, seja na celebração dos sacramentos e sacramentais da Igreja. Esse tesouro ao alcance de todos necessita de um especial cuidado por parte de todos. Só se dá o devido valor à Palavra celebrada quando se tem consciência de que é Deus quem fala ao seu povo; é o mesmo Cristo, por sua Palavra, que se faz presente no meio de nós. Essa sintonia vital que vem de uma relação de vida faz o diferencial entre um diálogo aleatório e passageiro e a Palavra celebrada e acolhida na fé. Deus fala ao coração de cada pessoa e também ao coração do povo.

Cada celebração litúrgica, que atualiza a Palavra de Deus, converte-se num acontecimento novo e enriquece a Palavra com uma nova interpretação. A Palavra fecunda a vida cristã e a vida cristã, assim renovada, autoriza e atualiza a força transformadora da Palavra de Deus. É do encontro entre o Livro e a vida que brota uma Palavra para hoje. O texto não muda, porém, a pessoa de fé modifica e evolui, bem como a vitalidade de uma comunidade-Igreja. Podemos ouvir de tempo em tempo a mesma passagem bíblica que sempre terá algo novo e contextualizado a nos revelar e ensinar.

A Palavra celebrada é a comunicação de Deus celebrizada, enaltecida e fecunda como a semente lançada à terra. "Passarão o céu e a terra, mas as minhas palavras não passarão." A Palavra "é viva e eficaz, mais penetrante do que uma espada de dois gumes" (Hb 4,12).

Em ritmos diversos, um diálogo de amor

Os ídolos têm boca, mas não falam! Nosso Deus é comunhão-comunicação que fala a cada pessoa e ao seu povo. Toda a liturgia da Palavra é "falar" de Deus; é escuta dos corações atentos e acolhedores; é promessa e esperança; é acontecimento e Boa-Nova; é silêncio e canto (Salmo de meditação e aclamação do Evangelho); é profissão de fé; é oração universal; é proposta amorosa e resposta livre de cada participante e de toda a assembleia litúrgica. A celebração litúrgica da Palavra não quer ser uma reunião de estudos ou uma catequese para a formação permanente: é o acontecimento de um Deus que fala aqui e agora a essa comunidade concreta. A liturgia da Palavra é sempre uma proposição de amor por parte de Deus e uma resposta amorosa e livre da pessoa.

Conclusão

Num momento histórico que se orgulha de ser a era da comunicação, talvez como nunca a palavra fale tão pouco e se torne tão vazia e fugaz. Todos precisamos resgatar a força e a verdade das palavras humanas, a partir da PALAVRA. A Palavra de Deus, que é vida, pode vivificar a comunicação humana e torná-la transformadora, semente de justiça e de paz, inspiradora de um mundo mais humano e solidário.

Para refletir

- É possível perceber, nas celebrações de nossas comunidades, uma resposta real ao que nos pede o Concílio Vaticano II em relação à Palavra de Deus?
- Quando a Palavra de Deus é realmente celebrada?
- Quando você participa da Missa, consegue perceber e valorizar a mesa da Palavra, assim como a mesa da Eucaristia?

15 Palavra viva

As palavras podem se repetir, mas a presença e a ação são sempre novas para quem ouve, guarda, medita e acolhe a força da Palavra Viva. A Constituição sobre a Sagrada Liturgia do Concílio Vaticano II afirma que, ao ser proclamada a Palavra de Deus na celebração, Cristo se torna presente junto aos fiéis (cf. SC, n. 33).

O Mistério Cristão, muito mais do que uma série de verdades para crer, obrigações e leis a cumprir, constitui-se numa história de salvação. Nessa história existe uma forte unidade entre o Antigo e o Novo Testamento, tendo como centro a presença de Jesus Cristo. Santo Agostinho costumava dizer que o que está escondido no Antigo Testamento se torna evidente no Novo Testamento. São Jerônimo refletia: "Pois, se conforme o apóstolo Paulo (cf. 1Cor 1,24), Cristo é a força e a sabedoria de Deus, aquele que não conhece as Escrituras não conhece a força e a sabedoria de Deus. Quem ignora as Escrituras ignora Cristo".

O elenco das Leituras, oferecidas no decorrer do ano às comunidades, apresenta

> [...] os fatos e palavras principais da história da salvação, que a liturgia da Palavra vai recordando passo a passo, em seus diversos momentos e eventos, aparece diante dos fiéis como algo que tem uma continuidade atual ao se fazer presente de novo o Mistério Pascal de Cristo, celebrado na Eucaristia (Ordenamento das Leituras da Missa – OLM, n. 61).

As leituras proclamam a centralidade do Mistério de Cristo e a celebração realiza este mesmo mistério.

Como o Verbo (a Palavra) se fez carne, tomou forma em nossa humanidade, assim também, ainda hoje, a Palavra de Deus se concretiza em sua Igreja. A mesa da Palavra nos oferece o alimento deste outro pão, para que, com sua força, nos configuremos ao Cristo: "Até que Cristo se forme em vós" (Gl 4,19).

O mesmo Cristo-Palavra é o Cristo-Pão

No imaginário que se criou no povo, a partir da insistente necessidade de adorar e reverenciar a Sagrada Hóstia Consagrada, a reverência à Palavra, como presença viva e eficaz, foi ficando na sombra. Antes do Concílio Vaticano II, muitos ficavam fora da Igreja até depois do sermão para entrarem e começarem a participar do ofertório em diante. Desse modo, justificavam o cumprimento da obrigação da missa dominical.

Mesmo que se tenha feito um caminho de justa valorização sacramental da Palavra, ainda temos um longo caminho a percorrer. Hoje, a Igreja insiste que o Cristo está presente e ativo quando se proclama a Palavra na comunidade. Cresce a convicção, já confirmada por Santo Agostinho, de que "a boca de Cristo é o Evangelho. Está sentado no céu, mas não deixa de falar na terra".

Se já na comunidade reunida para celebrar o Cristo está presente, como disse: "Onde dois ou mais se reunirem em meu nome, eu estarei no meio deles" (Mt 18,20), também, e de modo muito verdadeiro e real, está na Palavra que se proclama. O Senhor Ressuscitado está no pão e no vinho da Eucaristia, e também na Palavra e na comunidade reunida em seu nome: "Eu estarei convosco todos os dias" (Mt 28,20).

A Palavra de Deus na vida da Igreja

Se é verdadeira a afirmação de que "Eucaristia nos faz Igreja, comunidade de amor", também é verdadeira aquela afirmação de que a Igreja cresce e se constrói ao escutar a Palavra de Deus. Deus serve-se da comunidade que celebra a liturgia para que sua Palavra acolhida também seja proclamada e conhecida por toda a terra. Cada cristão que tem a graça de ouvir a Palavra, como discípulo, também tem a responsabilidade missionária de anunciá-la como fermento de transformação no mundo em que vive.

A Palavra de Deus, viva e eficaz no passado, deixa-nos, no presente e diante do futuro, na tensão da esperança, fazendo-nos ver quão desejáveis são as coisas que esperamos. Assim, que, no meio da instabilidade de nosso tempo, os nossos corações se concentrem onde está a verdadeira alegria.

Conclusão

Chamados a centrar nossa atenção em Jesus Cristo, Palavra viva do Pai para a humanidade, temos a alegre responsabilidade de superar a frieza da superficialidade que pode nos tornar cegos, surdos e mudos. Não é difícil nos envolver, também, na onda das diversas distrações de sons e imagens requintadas e aumentar a lista de quem já não se dá conta do que é o mais importante. Só Jesus Cristo, Palavra eterna do Pai, poderá tornar relevante a comunicação que dá sentido à vida e à convivência humana.

Para refletir

- Qual a razão de Cristo ser a ponte de união entre o Antigo e o Novo Testamento?
- Por que a liturgia da Palavra tem a mesma importância que a liturgia eucarística?
- Como podemos dar o justo valor à Palavra celebrada?

16 A música como veículo da Palavra

Na tradição da Igreja, e em nossos dias, mais do que nunca, a música é o veículo privilegiado da Palavra. A linguagem musical qualifica a dimensão celebrativa da Palavra na liturgia. Cantar bem a Palavra é dar-lhe alma, vigor e autoridade; é enaltecê-la e solenizá-la; é tirá-la do lugar comum para revesti-la da merecida sacralidade.

A liturgia da Palavra é um espaço especial para o canto. Alternar a Palavra proclamada e a Palavra cantada é uma forma de dinamizar e configurar uma comunicação motivadora e participativa. Se é verdade que toda a liturgia se movimenta numa ampla gama de comunicação, com mais razão a liturgia da Palavra necessita de um cuidado muito mais qualificado para favorecer seu merecido efeito.

O que cantar na liturgia da Palavra

Como mencionei acima, o bom senso litúrgico e pastoral pode nos ensinar que a alternância entre a Palavra anunciada e a Palavra cantada ajuda a dinamizar todo o corpo da liturgia da Palavra. Se fizermos tudo cantado, poderemos tornar o momento pesado e cansativo. Se fizermos tudo anunciado e rezado, poderemos cair na monotonia. A simples lei do ritmo no decorrer da celebração ajuda-nos a definir o que e quando cantar. Destacamos alguns momentos favoráveis para o canto ao celebrarmos a Palavra.

Cantar na procissão do Livro

Nessa ocasião, o bom senso litúrgico também ajuda. Costuma-se solenizar a procissão do Livro em momentos especiais e festivos. Em nossas comunidades, tal prática geralmente acontece com muito cuidado, mística e arte, mas, às vezes, no desejo do novo, pode-se cair num ritualismo poluído e sensacionalista. A alma do rito e a intensidade da vivência expressam-se na simplicidade, própria de um encontro com Aquele que nos fala. Um alegre refrão cantado pode ajudar nesse momento, por exemplo: "Tua Palavra é lâmpada para meus pés, Senhor... luz para o meu caminho! Glória a ti, Palavra eterna!".

Cantar o Salmo Responsorial

"É uma parte integrante da liturgia da Palavra" (IGMR, n. 61). O Vaticano II devolveu ao Salmo a verdadeira importância, conforme a tradição cristã. Se há uma parte da liturgia da Palavra que deva ser cantada é o Salmo Responsorial. O estilo musical do refrão, com linha melódica de fácil aprendizado por parte do povo, e o estilo recitativo, interpretado por um cantor das estrofes, são um fator fundamental para que o Salmo concretize a sua finalidade. Se não há quem o cante, ao menos se faça o possível de cantar o refrão, e o salmista profere os versículos, interpretando-os de forma poética. Somente em último caso alternam-se o refrão rezado pelo povo e os versículos interpretados por um salmista. Mesmo tendo um estilo meditativo, o Salmo merece uma cuidadosa atenção e necessita ser interpretado com especial vigor e participação.

Cantar a aclamação antes do Evangelho

A Instrução Geral sobre o Missal Romano afirma que a aclamação antes do Evangelho, normalmente o "Aleluia", confirma que a assembleia acolhe o Senhor que fala, saúda-o e professa a sua fé pelo canto. No tempo quaresmal não se canta o "Aleluia", mas outra aclamação, como: "Louvor e glória a ti, Senhor, Cristo Palavra de Deus!". O versículo é tirado do Lecionário e ajuda a conexão com a Boa-Nova. O fato de pôr-se de pé e cantar com entusiasmo já revela o clima da acolhida do Evangelho.

Cantar o Evangelho

Hoje existem ótimas experiências de melodias para o canto do Evangelho. Também vale o bom senso musical e litúrgico para decidir o dia e o momento de cantá-lo. No intuito de dar toda força e atenção à

Palavra, é bom evitar qualquer acompanhamento de instrumento musical. Lembramos que o Evangelho é a culminância da liturgia da Palavra!

Cantar a profissão de fé

A liturgia prevê que esta resposta à Palavra de Deus, anunciada na Escritura e atualizada na homilia, seja cantada ou recitada por quem preside juntamente com o povo. Um cantor, ou quem preside, pode ir cantando partes e o povo vai respondendo: "Creio! Creio! Amém!". Se não for cantado, será recitado por todos, ou por dois coros, alternando entre si.

Cantar a Oração Universal

A Oração Universal acontece quando o povo reunido vive a experiência de ser um povo sacerdotal intercedendo pela salvação do mundo. Uma forma alegre e dinâmica de participação vive-se quando os nossos representantes proclamam a intenção e todos respondem cantando, por exemplo: "Ó Senhor, Senhor neste dia, escutai nossa prece!", ou outras fórmulas adequadas.

Para refletir

- Que ajuda a música pode proporcionar à liturgia da Palavra?
- Na prática de nossas comunidades, que critérios devemos levar em conta para escolher as partes cantadas?
- Como podemos aperfeiçoar o uso do canto para que a Palavra seja realmente celebrada?

17 Cuidados com a Palavra celebrada

Começamos este artigo ressaltando um documento da Igreja que nos ajuda a celebrar melhor a Palavra de Deus: OLM (*Ordo Lectionum Missae*, Elenco das Leituras da Missa).[1] A partir deste documento e da vida litúrgica real de nossas comunidades, seguem algumas sugestões e questões práticas.

Urgente necessidade de formação bíblica

Na prática, para que Deus fale, não é suficiente proclamar todas as leituras e até proclamá-las bem. Não podemos ignorar a assembleia, para quem o rito da Palavra se dirige. Surgem obstáculos reais para a nossa gente que tem pouca familiaridade com a Bíblia, por sua linguagem simbólica, seus gêneros literários e mesmo pela tentação fundamentalista de ouvir e interpretar a Palavra. É certo que a homilia deverá ajudar, mas isto não dispensa o investimento em cursos bíblicos que beneficiem o conhecimento e a prática da leitura orante da Palavra de Deus.

Respeito às leituras indicadas

Todo o Elenco das Leituras da Missa dos anos A, B e C, e também dos dias da semana dos anos pares e ímpares, concretiza o sonho do Concílio Vaticano II de preparar para os fiéis a mesa da Palavra de Deus e abrir para eles os tesouros da Bíblia. Tudo leva a unir os dois Testamentos e atualizar a história da salvação. A proibição de substituir as leituras bíblicas ou mudá-las para textos humanos não é resultado de um legalismo rígido, mas de um amor pastoral. A Igreja é Mãe e Mestra,

---

[1] *A mesa da Palavra I*. Elenco das Leituras da Missa. Comentários de José Aldazábal. São Paulo: Paulinas, 2007.

atenta às necessidades dos cristãos de todos os tempos, mas também consciente da importância de cultivar a terra para que produza sessenta ou até cem por um.

Importância de ler bem

Para que a Palavra seja bem entendida e acolhida, nada melhor do que garantir que seja bem proclamada. Sendo assim, destaca-se o ministério dos leitores. Há comunidades que adotam o critério da representatividade e da oportunidade de motivar novos leitores. Para isso, preferem escolher na hora quem vai proclamar a Palavra. Outras comunidades preferem leitores escolhidos e preparados. Diante disso é bom perguntar: "O que se deve privilegiar: a Palavra ou a representatividade?". Às vezes, com o pretexto de valorizar alguém, sacrificamos a assembleia privando-a da escuta da Palavra. A proclamação da Palavra supõe competência técnica, espiritual e litúrgica. Isto não se improvisa.

Missão prática dos leitores

Por mais corajoso que seja o leitor, por mais iniciado em leitura dinâmica e por maior competência técnica, a sua missão exige principalmente familiaridade com o texto, compreensão do texto e do contexto e interiorização da mensagem. Além disso, o leitor deverá saber situar-se no ambão; ter uma postura corporal digna; olhar a assembleia para criar sintonia; anunciar o título e manter breve pausa; ler devagar, colocando-se no lugar dos ouvintes; pronunciar claramente os fonemas; saber dar uma pausa para ressaltar palavras ou frases importantes. Enfim, dar vida à Palavra como Palavra de Deus, e não como um discurso próprio.

Procissão com o Evangeliário

Como sendo o anúncio do Evangelho o ponto alto da liturgia da Palavra, é bom organizar, em momentos especiais, a procissão com o Evangeliário, tomando-o do altar e levando-o ao ambão acompanhado com velas e incenso.

Conclusão

A proclamação dos textos litúrgicos difere da leitura pública comum, pois o leitor não diz a sua palavra, mas a Palavra de Deus. Para ilustrar, vale ressaltar o que nos deixa escrito o teólogo Dietrich Bonhoeffer, sobre a vida comunitária:

> Logo percebemos que não é fácil ler a Bíblia para os outros. Quanto mais a atitude interior diante do texto for despojada, humilde, objetiva, tanto mais a leitura será adequada... Uma regra que se deve observar para ler melhor o texto bíblico é nunca se identificar com o "eu" que aí se exprime. Não sou eu que me irrito, que consolo, que exorto, mas Deus. Porém, isso não deverá resultar em monotonia e indiferença. Pelo contrário, irei ler, sentindo-me, eu próprio, interiormente empenhado e interpelado. Entretanto, toda a diferença entre uma leitura satisfatória e uma inadequada aparecerá quando, ao invés de querer tomar o lugar de Deus, aceitar simplesmente servi-lo. Senão arrisco-me a atrair a atenção do ouvinte sobre a minha pessoa e não sobre a Palavra: é esse o vício que ameaça toda a leitura da Bíblia.

Para refletir

- Qual a sugestão ou questão prática que mais lhe chamou a atenção? Por quê?
- Qual a diferença entre uma leitura comum e a proclamação da Palavra de Deus?
- Diante dos textos bíblicos em geral, e especialmente os de difícil compreensão, o que podemos fazer para favorecer o entendimento?

18 Homilia, uma conversa familiar

No todo da liturgia da Palavra, a homilia é a parte mais visada pela assembleia litúrgica, ao redor da qual se tecem os mais diferentes conceitos e se emitem as mais variadas opiniões. Há quem chegue a afirmar que vai, ou não vai, à missa por causa da homilia do padre. A Igreja sempre investiu preocupação e empenho para responder à natureza da homilia e às exigências dos tempos. Nunca faltaram nem faltam subsídios, mas sempre estamos em dívida quanto ao melhor modo de comunicar uma homilia frutuosa.

Conteúdos e modos diferentes para tempos diferentes

Para quem participa da vida da Igreja há mais tempo, é evidente o que foi dito. Os antigos termos usados confirmam conceitos e experiências, não só diferentes, mas de certo modo incômodos e inoportunos para o nosso tempo. Antes do Concílio Vaticano II, ressoava nas igrejas a força dos "sermões". A "prédica" do padre era alvo de comentários, especialmente onde predominava uma cultura sacral. Havia quem elogiasse e aplaudisse o "sermão" combativo e moralizante do padre, porque era isso mesmo que os vizinhos mereciam ouvir. Quando se cria esse clima de acusação numa Igreja, inverte-se totalmente a finalidade do momento.

Hoje os tempos são outros! O Vaticano II inaugurou um novo Pentecostes. A liturgia renovada também nos coloca diante de novas palavras que expressam a verdade do momento com mais clareza. Será que o sucesso da palavra homilia traduz um desejo de mudança?

Um pronunciamento que faz pensar

No dia 6 de outubro de 2008, o cardeal do Canadá Marc Quellet assim se pronunciou na Assembleia Sinodal sobre a Palavra de Deus na vida e na missão da Igreja: "Apesar da reforma, da qual a homilia foi objeto do Concílio, ainda continuamos experimentando a insatisfação de muitos fiéis nos confrontos do ministério da pregação. Esta insatisfação explica, em parte, a fuga de muitos católicos para outros grupos religiosos".

Em sua preocupação de pastor, Marc Quellet continua falando e indicando pistas para remediar essa lacuna de nossas liturgias. Não basta dar prioridade à Palavra de Deus; não basta o recurso da exegese, nem a utilização de novos meios pedagógicos ou técnicos. Nem mesmo é suficiente que a vida pessoal do ministro esteja em profunda harmonia com a Palavra anunciada. Tudo isso é importante, mas pode permanecer por fora do Mistério Pascal de Cristo.

As perguntas aumentam na medida da sinceridade da busca em acertar: Como proceder para que a homilia ponha a vida e a palavra em relação, de modo que o "coração arda" ao caminhar com o Ressuscitado? Como evitar a tendência ao moralismo e cultivar o apelo à decisão de fé? O hoje que interessa ao pregador é o hoje da fé?

Perguntas e orientações importantes para a homilia

Quem prepara uma homilia, ao menos deveria ter em mente três perguntas:

1ª) O que dizem as leituras que serão proclamadas na celebração?

2ª) O que dizem as leituras para mim, pessoalmente?

3ª) O que devo comunicar aos participantes da assembleia, para que possam ouvir, acolher e conectar a Palavra de Deus com a vida real?

O Papa Bento XVI, no número 46 da Exortação Pós-Sinodal *Sacramentum caritatis*, nos convida a cultivar algumas atenções:

> A homilia é o momento do confronto entra a Palavra proclamada, no contexto do mistério celebrado, e a vida do cristão. Deste confronto brotará, como resposta, a conversão. Esta conversão pode adquirir a forma de arrependimento, de adoração, de intercessão, de louvor, de ação de graças e de compromisso com a vida.

Algo que não podemos desconhecer

Quanto à homilia não há receitas prontas, nem mágicas. Apesar das humanas limitações, dúvidas e inseguranças, nós, que somos Igreja, não podemos abdicar da responsabilidade da pregação. Em constante espírito crítico e sadia consciência, lembramos as palavras de Paulo a Timóteo: "Proclame a Palavra, insista no tempo oportuno e inoportuno, advertindo, reprovando e aconselhando com toda paciência e doutrina" (2Tm 4,2).

A homilia é como o acender de luzes para o cristão andar com segurança. Essas luzes que vêm da Palavra de Deus situam os perigos e males que podem atingir a vida cotidiana, mas, acima de tudo, apontam esperanças, deslumbram novos horizontes e tornam a vida mais transparente. Para isso, muito ajuda o cuidado em conectar os fatos e acontecimentos do cotidiano com a luz da Palavra de Deus. Segundo a liturgista Ione Buyst: "A comunidade deve poder reconhecer na homilia sua vida com seus problemas, seus sonhos, seus acertos e desacertos, para poder ser tocada por Cristo. A Palavra de Deus deve soar como Boa-Nova e como apelo à conversão e compromisso para a comunidade reunida" (*Homilia, partilha da Palavra*. São Paulo: Paulinas, 2010. pp. 19-20).

Para refletir

- Qual o comentário, nas conversas de rua, sobre a homilia?
- O que realmente deve ser uma homilia na celebração litúrgica?
- Quais as homilias que mais ajudam a comunidade a crescer na caminhada?

19 Creio, creio, amém!

Dando mais um passo à frente em nossa caminhada de formação litúrgica, vamos voltar a atenção à Oração do Creio. Pode ser expresso por duas fórmulas: a mais longa, chamada Símbolo Niceno-Constantinopolitano, que é fruto dos concílios de Niceia (ano 325) e Constantinopla (ano 381); e a mais breve, chamada Símbolo dos Apóstolos, que é a mais utilizada, por ser simples e popular, mais bíblica e próxima do querigma original. Quando participo da celebração, não somente venho para afirmar minha fé em comunidade, com toda a Igreja. Venho também para alimentá-la e fortalecê-la com a Palavra de Deus e com o contágio dos meus irmãos e irmãs que expressam a mesma fé.

Como e quando o Creio foi introduzido na missa?

O Creio foi anexado à missa depois de uma longa caminhada histórica da Igreja. Isto aconteceu por volta do ano 500, no Oriente. A decisão da inclusão no todo da liturgia eucarística deu-se em vista da necessidade de os cristãos publicarem a razão de sua fé no meio de tantas investidas contrárias das heresias do tempo. É digno de nota que a profissão de fé comece em primeira pessoa: "Creio!". A fé começa com uma adesão pessoal, consciente, livre e responsável. A comunidade pode ajudar a pessoa a crer, mas ninguém pode determinar o que cabe a cada um decidir. A fé é um dom e uma proposta, nunca uma imposição. Assume-se o dom como responsabilidade, quando se tem consciência de sua grandeza e necessidade para "o viver e o conviver".

Em comunidade reafirmo a minha fé

Mesmo sendo uma profissão de fé individual, eu a proclamo em comunidade. Mesmo que eu não tenha toda a clareza das palavras e frases que compõem o Creio, rezo junto com a assembleia, por desejar crer melhor. Aqui vale também a lei do contágio positivo. Quando me vejo rodeado de pessoas livres que dizem crer, sinto-me motivado e animado a continuar crendo. Como sou ajudado a crer melhor em comunidade, assim posso ajudar os outros a crerem mais e também melhor. Hoje as razões pelas quais continuamos rezando o Creio não são mais aquelas que o fizeram entrar na missa no ano 500. Hoje fazemos "como uma afirmação solene daquilo que cremos: a obra da criação do Pai, a redenção pelo Filho, a santificação pelo Espírito Santo..." (Ione Buyst, liturgista).

O Creio não é um remendo devocional

Para os não iniciados, o Creio pode parecer uma parte justaposta dentro do todo da liturgia da Palavra. De todos os modos precisamos superar a mentalidade de que a liturgia é uma colcha de retalhos. Cada parte, mesmo diversa, forma o todo dinâmico e harmônico da celebração. Assim acontece com o Creio.

> O símbolo ou profissão de fé tem por objetivo levar todo o povo reunido a responder à Palavra de Deus anunciada da Sagrada Escritura e explicada pela homilia, bem como, proclamando a regra da fé por meio de fórmula aprovada para o uso litúrgico, recordar e professar os grandes mistérios da fé, antes de iniciar sua celebração na Eucaristia (IGMR, n. 67).

O creio do cristão

Crer é um ato tipicamente humano e humanizante. O fato de crer realiza um aspecto riquíssimo e profundo do ser humano. Crer como cristão qualifica a nossa capacidade de comunicação, abrindo-nos a Deus em Cristo, pela ação iluminadora do Espírito Santo. A fé cristã integra três aspectos inseparáveis: a comunicabilidade, a aceitação e o compromisso definitivo. É dentro desta dinâmica da fé que vai se concretizando a "vida nova, segundo o Espírito". O crer cristão nos abre para a acolhida do Reino, inaugurado em Jesus Cristo. Conforme diz São Paulo: "Até que Cristo se forme em vós" (Gl 4,19).

Conclusão

Mesmo que toda a liturgia seja uma expressão forte de fé celebrada, é muito importante e significativo que pronunciemos com regularidade a profissão de fé com nossos irmãos cristãos de todos os lugares e em todo o tempo. É assim que vamos amadurecendo e participando da fé da Igreja, com nossas dificuldades e dúvidas, e até apesar delas. A Deus, que nos ama primeiro, tributamos nossa adesão de fé e nos sentimos envolvidos neste diálogo de amor.

Para refletir

- Quando e para que o Creio começou a fazer parte da missa?
- O que nós queremos confirmar, quando rezamos o Creio?
- Para nós, humanos, é importante o "crer cristão"? Por quê?

20 Oração Universal ou Oração dos Fiéis

Com o DNA da participação, característica da reforma litúrgica do Concílio Vaticano II, a Oração Universal ou Oração dos Fiéis constitui uma das restaurações mais evidentes. Desde o século VI, a Igreja tinha deixado este rito, exceto na Sexta-Feira Santa. Tal resgate é bem-vindo não só para enriquecer a alternância celebrativa, mas principalmente pela sua natureza.

Natureza da Oração Universal

A IGMR n. 69 contextualiza a Oração dos Fiéis no todo da liturgia da Palavra como uma resposta do povo à "Palavra de Deus acolhida na fé"... Aqui o povo também exercita "a sua função sacerdotal, eleva preces a Deus pela salvação de todos".

Entendendo melhor o sentido da Oração dos Fiéis, percebemos que é uma súplica dirigida a Deus pelas necessidades universais da Igreja e do mundo, com a participação de toda a assembleia. Não é uma fórmula de meditação, nem de adoração. Não se deve revesti-la de um cunho moralizante, nem doutrinário. É uma oração litúrgica oficial que pertence à estrutura da missa.

Nem coleta nem mementos

Já estudamos o significado da coleta, como súplica conclusiva do rito de entrada. Esta se concentra no mistério celebrado, mais do que nas necessidades concretas em si. No horizonte do tema da missa, encontram eco aquelas intenções particulares expressas no silêncio, após o convite: "Oremos!".

No caso dos mementos (lembranças) dos vivos e dos mortos, a Igreja tem endereço certo e definido para quem se reza em todas as celebrações. Nesse momento não cabem as intenções pessoais, e sim para os fiéis que são por nós conhecidos e de nossa devoção, e para os que nos precederam marcados com o sinal da fé.

Na Oração Universal, contemplamos os horizontes do coração de Deus! Nela encontram lugar todas as categorias de pessoas, todas as situações humanas e todos os acontecimentos deste mundo atual. Na Oração dos Fiéis, dizemos a Deus nossas intenções, mas não lhe ditamos o que ele deve fazer. É contrário ao momento transformar as preces num jornal de informações ou em lição de moral.

Proposta concreta da IGMR

Normalmente serão estas as séries de intenções:

- pelas necessidades da Igreja;
- pelos poderes públicos e pela salvação de todo o mundo;
- pelos que sofrem qualquer dificuldade;
- pela comunidade local.

> Em alguma celebração especial, tal como Confirmação, Matrimônio, Exéquias, as intenções podem referir mais estreitamente a tais circunstâncias (n. 70).

A expressão "normalmente" deixa a entender claramente que não estamos em regime de rigor servil, mas em situação de proposta sábia que deseja responder à natureza mesma das preces dos fiéis. A Palavra de Deus nos põe em comunhão com a Igreja, ajuda-nos a ver horizontes mais amplos e nos torna comprometidos com o mundo e a história.

> Na formulação das intenções, sem negligenciar a abertura para os grandes problemas e acontecimentos da Igreja universal, dar-se-á espaço para as necessidades mais sentidas pela comunidade... É bom que se eduquem os fiéis sobre o sentido comunitário da oração, evitando-se intenções de caráter meramente pessoal ou em número tão elevado que prejudique o ritmo da celebração (CNBB, Doc. 43, n. 284).

Partes da Oração Universal

Três partes compõem esta oração:

- *Convite geral à oração.* Quem faz o convite é o celebrante, em nome do Senhor. Cristo é o único mediador.
- *Intenções proclamadas*, com suas formas e números, conforme os critérios acima mencionados.
- *Oração presidencial conclusiva.* O celebrante conclui com a fórmula breve: "Por Cristo, nosso Senhor".

Resposta da assembleia

O povo, estando em pé, manifesta a sua disponibilidade participativa e o alegre compromisso diante da Palavra de Deus e da realidade. Além das tradicionais respostas rezadas: "Senhor, escutai a nossa prece!", "Senhor, atendei a nossa prece!" etc., é bom propor respostas cantadas, como "Ó Senhor, Senhor, neste dia, escutai nossa prece!", "Escutai-nos, Senhor da glória!", "*Kyrie eleison*!", "Ouve-nos, amado, Senhor Jesus!", ou outras.

Conclusão

A Oração Universal conclui a liturgia da Palavra e nos dispõe à liturgia eucarística numa dinâmica de encontro e comunhão. Assim abrimos os nossos corações às dimensões do coração de Cristo, o Crucificado ressuscitado "em favor de todos".

Para refletir

- Como podemos criar um clima de alegre e animada participação na Oração dos Fiéis?
- Qual é mesmo a finalidade da Oração Universal neste momento da missa?
- Quais são os critérios a seguir na elaboração das preces e o que se deve evitar?

21 Outro passo para o mesmo encontro

Conforme a conclusão do tema anterior, a Oração Universal conclui a liturgia da Palavra e nos ajuda a dar um passo à frente para a liturgia eucarística. O encontro com o rosto da Palavra nos conduz ao encontro do Cristo, "Pão Partido para um Mundo Novo". Assim como a liturgia da Palavra tem suas raízes na liturgia das sinagogas, a "Ceia do Senhor" se fundamenta na ceia pascal. É o mesmo Cristo que respeita e transforma os modos religiosos e rituais do povo, no meio do qual se encarnou.

Um segundo passo na mesma celebração, necessariamente, precisa acontecer com mais sintonia, profundidade e clara expressão mistagógica. A linguagem utilizada na liturgia eucarística vai nos colocando por dentro de uma *experiência de comunhão* animada pela fé, envolvida na atualidade do amor e dinamizada pela esperança. Tudo isto implica também um cuidado atento ao ritmo celebrativo.

Às vezes, a demora nos ritos iniciais, o prolongamento da homilia e a corrida do relógio diante de outros compromissos fazem acontecer verdadeiros atropelamentos na liturgia eucarística. Este fato prejudica a comunicação da extraordinária riqueza contida na profundidade dos textos, gestos e ritos. E não se trata de discutir qual é a parte mais importante, se é a liturgia da Palavra ou a liturgia eucarística. De modos diversos, a mesma celebração, no seu todo, deve favorecer a mesma experiência do encontro com o Senhor. Daí a necessidade de calma, serenidade, sintonia, clima orante e vigor participativo.

Um olhar para o todo

Existe um consenso evidente no mundo católico de que a Eucaristia é o rito mais sagrado e respeitado de nossa fé. Também se afirma, com unanimidade, que a consagração é o momento central da missa, uma cópia fiel do que aconteceu há dois mil anos no cenáculo.

Porém, há perguntas procedentes que poderão ser feitas: qual é o nível de atenção que se dá ao todo da liturgia eucarística? A diferenciação dos prefácios e a possibilidade de escolha das orações eucarísticas ajudam a celebrar melhor? Qual é o critério de escolha da oração eucarística: é sua conexão com o todo e sua profundidade teológica, ou sua brevidade? Talvez o povo já tenha percebido que a oração eucarística mais curta costuma atrair maior simpatia...

Um olhar profundo ao todo da liturgia eucarística poderá vincular melhor a consagração no movimento global da oração eucarística, superando a tendência de vê-la em retalhos como um conjunto de orações independentes que enquadram a consagração. Não podemos permitir que a consagração, entendida de modo estático, termine por negligenciar a dinâmica e as riquezas daquela oração com que a Igreja, desde sempre, faz a Eucaristia.

Uma palavra oficial

Nossa catolicidade necessita ter clareza objetiva das razões que justificam as nossas escolhas. A IGMR (n. 72), no primeiro parágrafo referente à liturgia eucarística, nos dá uma clareza teológica do sacramento da Eucaristia, como memorial do que fez Jesus, "Cristo instituiu o sacrifício e a ceia pascal, que tornam continuamente presente na Igreja o sacrifício da cruz". *As quatro ações de Cristo correspondem às quatro partes da celebração eucarística:*

- Cristo tomou o pão e o cálice,
- Deu graças,
- Partiu-o
- E o deu a seus discípulos.

Na caminhada histórica da Igreja, a comunidade:

- Apresenta e prepara o pão e o vinho no ofertório,
- Dá graças a Deus na oração eucarística,
- Parte o pão
- E convida à comunhão.

A visão e a participação ativa e consciente na liturgia eucarística nos proporcionam uma viva experiência de encontro com o Senhor, de acolhida de seu Mistério Pascal para um seguimento amoroso no compromisso missionário sempre atual.

Conclusão

Tanto quem preside como as pessoas que exercem ministérios na vivência litúrgica de nossas comunidades e a assembleia celebrante, todos somos chamados a perceber e viver a globalidade do momento celebrativo. Não podemos nos permitir retalhar o todo, superestimando partes e subestimando outras, no risco de um prejuízo global. A beleza e o compromisso decorrentes da liturgia eucarística podem se tornar um fator decisivo na renovação de nossas comunidades.

Para refletir

- Em nossas celebrações, como vemos e fazemos a passagem da liturgia da Palavra para a liturgia eucarística?
- O que ajuda a dar unidade ao todo da celebração da missa?
- Quais as ações de Cristo na instituição da Eucaristia que continuam em nossa liturgia eucarística?

22 Preparação e apresentação dos dons

Na reflexão e prática litúrgica da Igreja, este primeiro momento da liturgia eucarística já teve maior relevância do que nos tempos atuais. Hoje, ele é vítima fácil da dispersão e do vazio. A linguagem simbólica e ritual fica enterrada em canções e ações que dificultam a visibilidade e a percepção de sua verdadeira riqueza.

Nos dois primeiros séculos, esse rito foi muito sóbrio. Na sobriedade estava clara a intenção de tomar distância dos sacrifícios pagãos. A oferenda por excelência é a oferenda espiritual do Cristo ao Pai. São Justino, em sua 1ª Apologia, escreve: "Levados o pão, o vinho e a água, o presidente envia ao céu oração e eucaristias", isto é: ação de graças.

Um direito dos batizados

A ideia de oferenda nasceu motivada pela alegria de levar ao altar o que se tornará o sacrifício do Cristo. Esse é um direito dos batizados, ligado ao seu sacerdócio. Se é o sacerdote que consagra, o povo inteiro é que oferece. A rica simbologia do pão e do vinho de nossas culturas é resultado de nossa missão, clama por maior vinculação com a vida e a história de nosso povo. As mãos que possibilitam o pão e o vinho pelo trabalho humano também apresentam os dons que se tornarão pão da vida e vinho da salvação.

Conjunto: Oferenda-Eucaristia-Comunhão

No Oriente, chega-se a incentivar a procissão de oferenda, como sendo a "Grande Entrada". É nesse momento que se aclama o Rei da Glória. A pequena entrada era considerada a procissão de entrada. Esta prática vem confirmar que a preparação dos dons não pode estar separada da Eucaristia. Esta ritualidade favorece conexão e visibilidade, presença e participação.

No Ocidente, por volta do século I impõe-se o uso do pão ázimo. Logicamente não é o pão preparado em casa. Sintomático é também o termo "hóstia", que significa "vítima", em latim. Historicamente, isto tudo vai criando distância da compreensão e vivência da simbologia com o simbolizado.

Hoje, a Instrução Geral sobre o Missal Romano (n. 72) reforça a necessidade de viver o conjunto da liturgia eucarística: "A Igreja dispôs

toda a celebração da liturgia eucarística em partes que correspondem às palavras e gestos de Cristo. De fato, na preparação dos dons levam-se ao altar o pão e o vinho com água, isto é, aqueles elementos que Cristo tomou em suas mãos".

Deus tem apreço pelo nosso viver cotidiano

Quando Jesus veio ao mundo, assumiu por inteiro a nossa vida e a nossa história. Ele se fez um dos nossos, de nossa raça e de nossa família. O Deus conosco não se apresenta como alguém que, de fora, assiste à nossa caminhada humana. Cristo privilegiou o nosso pão e o nosso vinho, "frutos da terra e do trabalho humano". A partir do que é nosso, Deus estabelece a sua morada entre nós.

A celebração eucarística, que integra e valoriza a apresentação dos dons, torna-se um hino à bondade da criação e à sublime dignidade da nossa vida diária. Ao escolher o pão e o vinho para confirmar sua presença real no meio de nós, Cristo faz-nos uma declaração de amor e revela o significado de nosso viver cotidiano. Um sábio teólogo chega a afirmar: "O santo, o santíssimo sacramento da Eucaristia, é o sacramento de nossa vida cotidiana". O divinamente sublime abraça o simples e o comum de nosso chão de cada dia.

Esta verdade leva o grande escritor português Miguel Torga, que confessava não praticar nenhuma religião, a dizer que muito admirava a religião católica, pois o que é de nossa vida humana, *pão e vinho, azeite e água*, é aproveitado para o ser humano chegar a Deus e para Deus se revelar a nós. Em seu diário, acrescentava: "Um Deus assim é de confiança e merece o tributo de nossa adesão".

Conclusão

Para concluir esta reflexão, nada melhor que registrar o pensamento do teólogo Karl Rahner:

> A vida diária é a continuação e o crescimento da comunhão na realidade comum. Por isso, a nossa vida diária, simples e rotineira, torna-se por sua vez preparação para a comunhão. A vida cotidiana, bem levada, a vida

cotidiana simplesmente levada com todas as suas fadigas, é a melhor preparação para a comunhão. A comunhão remete-nos para a vida cotidiana, e esta só precisa ser interpretada e concebida devidamente no sentido cristão, para nos remeter a Jesus Cristo, à simplicidade de sua vida, a morrer à sua própria vida.

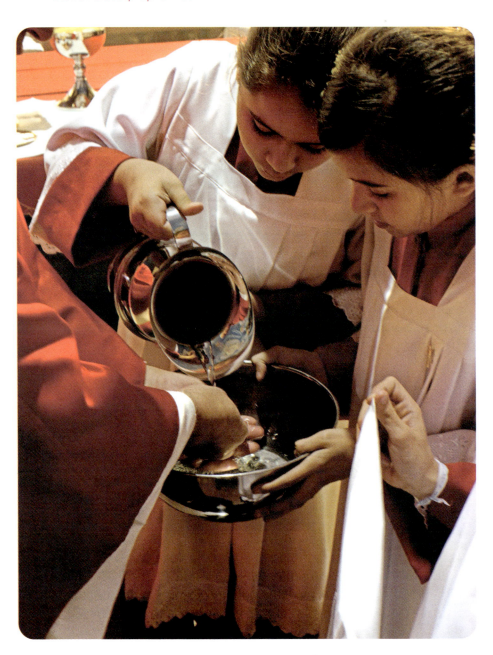

Para refletir

- Como costuma acontecer a apresentação dos dons em nossa comunidade? O povo presente entra em sintonia com o rito? O que se percebe?

- Como poderíamos integrar mais e melhor esta parte da celebração ao todo da liturgia eucarística?

- O que o pão e o vinho representam e o que possibilitam no conjunto da Eucaristia?

- Após preparar as oferendas e incensá-las, o sacerdote lava as mãos. Este gesto tem um sentido simbólico e não tanto prático; exprime, por este rito, o seu desejo de purificação interior. Por que a liturgia eucarística também tem caráter penitencial?

23 Oração Eucarística – Prefácio

Iniciamos a liturgia eucarística, participando na preparação e apresentação dos dons; rezamos sobre as oferendas, expressando o nosso pedido a Deus sobre o futuro próximo dos dons de pão e vinho que trouxemos sobre o altar. Agora passamos a rezar e a viver o "centro e o ápice de toda a celebração pela Oração Eucarística". Esta, por sua vez, é composta de diversos elementos. Cada um deles revela uma importância própria dentro do todo. Agora prestemos atenção ao Prefácio.

Um diálogo inicial motivador

O Prefácio, que é um hino de ação de graças ao Pai por toda a obra da salvação, ou por algum aspecto peculiar desta, começa com um diálogo entre o presidente da celebração e o povo reunido. Este diálogo é sempre o mesmo em todo o Ano Litúrgico. Abre-se o diálogo desejando que toda a comunidade se dê conta e acolha a presença do Ressuscitado, motivo básico da ação de graças: *O Senhor esteja convosco! * Ele está no meio de nós!*

Segue o convite para a assembleia elevar os corações ao Senhor na oração e ação de graças a Deus Pai por Jesus Cristo. Os corações ao alto são os corações que aqui de baixo sabem se encantar pelas obras e ações que Deus realiza no cotidiano da história e da vida de seu povo. *Corações ao alto, * O nosso coração está em Deus! * Demos graças ao Senhor, o nosso Deus! * É nosso dever e nossa salvação!* Toda a Oração Eucarística é um canto de ação de graças. Um convite do presidente conclamando o povo a este clima. Se Deus nos amou de tal modo em seu Filho Jesus, é justo que toda a vida do cristão seja uma ação de graças permanente. Por esta razão é nosso dever e nossa salvação.

O Prefácio Comum IV reza com sabedoria: "Ainda que nossos louvores não vos sejam necessários, vós nos concedeis o dom de vos louvar.

Nossos hinos de louvor não acrescentam nada à vossa infinita grandeza, mas nos ajudam a alcançar a salvação, por Cristo, Senhor nosso".

Prefácio, uma proclamação pública

O Missal Romano contém diversos Prefácios diferentes. Há Prefácios para cada tempo litúrgico, para santos e santas, para comemorações especiais que fazem parte de orações eucarísticas etc. Todos eles são o ponto inicial da Oração Eucarística. Todos são caracterizados pela ação de graças. Cada Prefácio é uma bênção dirigida a Deus Pai, recordando diversos aspectos da história da salvação e evocando presenças que foram atualizando esta história de modos diferentes na vida da Igreja.

Quem faz esta proclamação pública em nome da Igreja é o presidente da celebração, que o faz de forma rezada ou cantada. O Prefácio bem cantado soleniza a entrada da liturgia eucarística e cria um clima favorável à experiência do mistério celebrado.

Aclamação ou "Santo"

Assim como o Prefácio inicia-se sempre com o mesmo diálogo, também o seu final é sempre igual, culminando com a significativa aclamação: "Santo, santo, santo, Senhor, Deus do universo! O céu e a terra proclamam a vossa glória. Hosana nas alturas! Bendito o que vem em nome do Senhor! Hosana nas alturas!".

É o povo todo, em comunhão global, que se une ao louvor de quem preside a celebração em nome da Igreja. Seu conteúdo expressa nossa união com os anjos e santos da Igreja celeste e terrestre. É uma aclamação jubilosa que tem suas raízes na tradição judaica, baseada no profeta Isaías (cf. Is 6,3). No Templo, os Serafins clamavam em alta voz: "Santo, santo, santo é o Senhor, o Deus dos exércitos! Toda a terra está cheia de sua glória!".

Por três vezes repetida, a aclamação "Santo" reforça a plenitude da santidade de Deus, diante de quem expressamos todo o encantamento, toda a bênção e toda a ação de graças. Envolvidos neste hino solene diante da santidade de Deus que não cessa de operar maravilhas em nosso favor, damo-nos conta de nossa humana fragilidade. Esta experiência não nos deprime, mas nos anima a tecer em nós o rosto verdadeiro de nossa dignidade.

Conclusão

Enquanto escrevia este texto sobre o Prefácio e o "Santo", lembrei-me de uma passagem do livro *Os irmãos Karamazov*, de Dostoiévski, expressando o tormento da alma diante do problema de Deus. "Então, se Deus não existe, o homem é dono da terra, do universo... Mas como pode ele ser virtuoso sem Deus?... A quem será agradecido? A quem cantará seus hinos?"

Cantar hinos a Deus nada acrescenta a quem ele é. Porém, os hinos a Deus nos aproximam dele e nos colocam em atitude de justo entusiasmo na descoberta da nossa dignidade, da nossa vocação e missão e, acima de tudo, da nossa origem e nosso destino.

Para refletir

- Como começa o Prefácio e qual o sentido de cada diálogo?
- Quais os aspectos que coincidem em todos os Prefácios?
- Qual o sentido da aclamação "Santo, santo, santo..."?

24 Oração Eucarística – Realização do mistério

No tema anterior, refletimos sobre o sentido litúrgico do Prefácio. Percebemos que "dar graças" é uma confissão da fidelidade de Deus e de nossas infidelidades. Vimos que, por meio do "Santo, Santo", elevamos o hino por excelência de toda a celebração eucarística. Nossa assembleia daqui se une à assembleia festiva dos anjos, dos santos e dos defuntos. O louvor constitui o ponto de partida da Oração Eucarística. A enumeração das maravilhas de Deus culmina na maravilha das maravilhas, em Jesus, o Filho de Deus.

Após o Santo

De forma breve, antes da invocação do Espírito sobre os dons, a Oração Eucarística continua o louvor. Com simplicidade, mas com clareza, esta conexão faz descobrir a dimensão finamente histórica da prece litúrgica, na qual estão as raízes que garantem a durabilidade e a veracidade de nossa sintonia de fé. Um modelo desta nobre atitude é a Oração Eucarística IV, que, após o "Santo", convida à proclamação das maravilhas de Deus na criação e na história da salvação. Creio ser importante observar o "pós-Santo" de todas as orações eucarísticas para confirmarmos esta continuação do louvor.

Súplica ao Pai para que envie seu Espírito

Sobre os dons de pão e de vinho, que são frutos do trabalho e da nossa vida cotidiana, a Igreja invoca ao Pai para que mande seu Espírito a fim de santificar e transformar o pão e o vinho em corpo e sangue de Cristo. A invocação do Espírito, ou epiclese, tem grande relevância não somente na Oração Eucarística, mas também em todos os sacramentos.

A Instrução Geral sobre o Missal Romano diz que é na epiclese que "a Igreja implora, por meio de invocações especiais, a força do Espírito

Santo para que os dons oferecidos pelo ser humano sejam consagrados e se tornem o Corpo e o Sangue de Cristo..." (n. 79c).

Vale ressaltar que a Oração Eucarística faz duas importantes súplicas ao Pai para que envie seu Espírito Santo: a primeira na "consagração"; e a segunda, para a comunidade, após a "consagração". Esta súplica pela comunidade é feita para que seja fortalecida na caridade e viva intensamente a comunhão. Com esta súplica declaramos que a iniciativa de toda a transformação vem de Deus. Ele é a fonte da santidade e da santificação.

O Espírito de Deus, que pairou sobre as águas para gerar a vida, acompanhou os patriarcas e profetas na história da salvação, gerou no seio de Maria o próprio Cristo, fazendo-o vencer a morte pela ressurreição, e gerou a Igreja, transforma nossos dons, tornando-os Corpo e Sangue do Senhor Ressuscitado.

Narrativa da Instituição da Eucaristia

Ao relato da Instituição, costuma-se chamar de *"palavras de consagração"*. Estas evocam as palavras de Jesus na última ceia, renovando e atualizando o acontecimento salvador que significam. Aqui somos chamados a refazer o dom que Jesus fez de si mesmo. É isto que expressa um significativo poema de Dom Rimaud:

> Em memória do Senhor que nos partiu o pão
> Em memória do Senhor seremos o pão partido
> Para um mundo novo, para um mundo de amor
> E que venham os dias de justiça e de paz!

Não é em vão que o Evangelho de João, em vez de narrar a Instituição da Eucaristia, nos relata a cena do lava-pés! O sacrifício de Cristo não se renova de maneira mágica pela simples repetição de uma fórmula. Antes de consagrar o pão e o vinho, Jesus se consagrou à sua missão até a morte e morte de cruz. Fazemos "isto" em sua memória, quando nos tornamos verdadeiros discípulos missionários, capazes de unir missa e missão na mesma dinâmica do amor.

Conclusão

Conforme a tradição cristã, continuamos afirmando que a consagração é o coração da prece eucarística. Porém, a mesma tradição convida a reconhecer e redescobrir o que tem a ver o coração com os outros elementos da prece eucarística. Como, em nosso corpo, o coração não pode estar isolado do conjunto, assim também na prece eucarística a consagração não pode ser vivida separadamente. É por este motivo que, no próximo tema, daremos continuidade e importância às outras partes da Oração Eucarística.

Para refletir

- Você lembra as principais maravilhas de Deus registradas na Bíblia e celebradas na liturgia da Igreja?

- Quantas vezes na Oração Eucarística se invoca ao Pai que envie o Espírito? Para quê?

- Para você, como ressoa o "Fazei isto em memória de mim?".

25 Oração Eucarística – Mistério da fé

"A expressão *Mysterium fidei* – Mistério da fé – tirada do contexto das palavras de Cristo e proferida pelo sacerdote serve de preâmbulo à aclamação dos fiéis" (Papa Paulo VI). É o admirável mistério da presença real do Senhor sob as espécies de pão e de vinho, que nós apresentamos no ofertório e foram transubstanciadas pela ação do Espírito Santo. Mesmo sem conceitos lógicos e especulações científicas, a sintonia da fé vai além do que vemos e tocamos. Neste caso, a narrativa da instituição da Eucaristia, o pão e o vinho que se tornam o Corpo e o Sangue do Senhor, os gestos e a profundidade do silêncio, vão possibilitando um encontro com o invisível, o inaudível e o sagrado segredo da total doação do Senhor, num mistério de fé e de amor.

Para a fé cristã, o mistério está na história e age em nosso favor. "Deus não está longe de cada um de nós. Com efeito, nele vivemos, nos

movemos e existimos" (At 17,27b-28a). O mistério da fé entrou na história e a assumiu. Deus nos toca e se faz presença viva, em Cristo, para nossa existência, ontem, hoje e sempre. Deus se esvazia e se aproxima da humanidade. Por este motivo, o mistério não consiste tanto numa verdade oculta, nem muito menos num rito celebrativo, mas na atuação salvadora de Deus. Mais ainda: o Mistério é o próprio Cristo, em pessoa! (cf. Cl 1,27; 2,2; Ef 1,4-9; 3,4-9).

Presença viva e atual

No coração da celebração eucarística, a aclamação "Mistério da fé", vem acolher, aclamar e celebrar a nossa salvação em Cristo, presença viva, atuante e atual e a sua comunicação a nós por parte do mesmo Senhor Jesus, agora Ressuscitado e realmente presente em toda a celebração. "É este mistério de Cristo que a Igreja proclama e celebra na liturgia, para que os fiéis dele vivam e dele deem testemunho no mundo" (Catecismo da Igreja Católica, n. 1068).

Após o relato da instituição da Eucaristia, ou palavras de consagração, que recorda as palavras e os gestos da última ceia, o presidente da

celebração proclama: "Mistério da fé!" A assembleia aclama: "Anunciamos, Senhor, a vossa morte e proclamamos a vossa ressurreição. Vinde, Senhor Jesus!". Outra fórmula diz: "Mistério da fé e do amor!". A assembleia responde: "Todas as vezes que comemos deste pão e bebemos deste cálice, anunciamos, Senhor, a vossa morte, enquanto esperamos a vossa vinda". Uma terceira alternativa diz: "Mistério da fé para a salvação do mundo!", e a assembleia responde: "Salvador do mundo, salvai-nos, vós que nos libertastes pela cruz e ressurreição!".

As respostas, proclamadas pela assembleia ao presidente da assembleia, não são fórmulas que tratam de uma simples recordação de uma realidade passada, nem de um mero aniversário de um acontecimento distante, mas de um vivo e verdadeiro memorial que atualiza e celebra, de forma eficaz, convidando-nos a participar ativamente de sua salvação. Nesta proclamação, comemoramos o passado histórico-salvífico; atualizamos este passado no presente de um mistério-sacramental e anunciamos, pelo passado e a partir do presente, um futuro de plenitude eterna.

Vida em Jesus Cristo

O diálogo de quem preside a celebração e o povo tem sua inspiração nas liturgias orientais. Conforme entendem as Igrejas orientais, a Eucaristia é vivida como iniciação no segredo de Deus. Na celebração, compartilhamos a vida divina que superou a morte. Neste mistério de fé, nossa vida é como que levada para dentro da vida de Jesus, por meio da cruz, a caminho da ressurreição.

Para muita gente, a palavra *mistério* ressoa como algo incompreensível e distante, diante do qual não há como se aproximar. Porém, na verdade podemos entender a palavra mistério como *o ser humano no sonho de Deus.* Deus também sonha como deve ser a pessoa humana. Por ser assim, concretizou este sonho em Jesus Cristo. Nele encontramos a bondade, a solidariedade humana e o amor de forma plena.

Cristo é o mistério revelado! "Ele é a imagem do Deus invisível" (Cl 1,15). "Cristo manifesta plenamente o homem ao próprio homem e lhe revela a sua altíssima vocação" (GS, n. 22).

Cristo ontem, hoje e sempre

A presença real de Cristo, vivo no meio de nós, anunciada como "Mistério da fé", no coração da celebração eucarística, também se reveste de modo surpreendentemente simples, assim como as muitas formas de presença de Cristo. O mistério da encarnação e a própria manifestação dos sinais do Reino são identificados como o maior dos despojamentos. Basta relermos as cenas do nascimento, da infância, da vida pública, da instituição da Eucaristia, da paixão e morte, as manifestações do Ressuscitado e as parábolas do Reino, para podermos contemplar em que cenário e os modos como acontece o milagre do amor, ontem, hoje e sempre. É assim que os segredos do Pai se revelam aos simples e pequeninos, como mistério da fé. "Jesus Cristo é o princípio e o fim. Ele é o Rei do novo mundo. Ele é o segredo da história. Ele é a chave de nosso destino!" (São Paulo VI).

Para refletir

- É suficiente contentar-nos em participar com atenção e reverência ao momento da consagração e deixar de lado, ou no descaso, as demais partes da celebração?
- O que desperta em nós e nos motiva o anúncio: "Mistério da fé"?
- Qual é o significado da resposta da assembleia, quando nos é apresentado o Cristo como "Mistério da fé"?

26 Oração Eucarística – A oferta do Memorial

Como já mencionamos anteriormente, sabemos que, no imaginário de nosso mundo católico, a Consagração, ou narrativa da instituição, sempre foi vista e vivida como o coração da celebração eucarística. Basta lembrar o tempo em que a missa era em latim. O momento da Consagração era sinalizado com o toque da campainha; a profunda reverência foi criando um clima de envolvente mistério e contato com o mais sagrado dos momentos. Não se trata de diminuir o valor do momento, mas de relacioná-lo também com o que vem depois.

Observando com atenção as orações eucarísticas, logo nos damos conta do que se quer dizer e viver após a Consagração. Com expressões diferentes e diversas formas de linguagem, todas elas têm a mesma intenção.

Lembrar para viver

"A Igreja faz memória do próprio Cristo Senhor, [...] e relembra principalmente sua bem-aventurada paixão, a gloriosa ressurreição e a ascensão ao céu" (IGMR n. 79e). Tudo o que Deus fez em Jesus Cristo se torna agora presente entre nós e para nós. A presença e as ações redentoras e libertadoras são evocadas e focalizam o Mistério Pascal atualizado na celebração.

"Nós vos oferecemos"

Como assembleia reunida, a Igreja "oferece ao Pai, no Espírito Santo, a hóstia imaculada" (IGMR n. 79f). Memorial e oferta são as duas dimensões inseparáveis para este momento da Oração Eucarística. Cristo é o dom do Pai que se oferece de forma sacramental. O Corpo e o Sangue do Senhor se constituem, para a comunidade reunida, a razão de sua oração. Este é o verdadeiro momento do ofertório. Quem preside oferece e se oferece com a comunidade inteira. E com esta comunidade celebrante, toda a Igreja oferece e se oferece.

Invocar o Espírito Santo sobre a comunidade

Tão antiga e sempre mais nova deve ser a nossa atenção a esta invocação (epiclese). Aqui pedimos que o Pai envie o Espírito Santo sobre a comunidade. Na Oração Eucarística II, rezamos: "Suplicantes, vos pedimos que, participando do Corpo e do Sangue de Cristo, sejamos reunidos pelo Espírito Santo num só corpo". Na Oração Eucarística V, dizemos: "E quando recebermos Pão e Vinho, o Corpo e o Sangue dele oferecidos, o Espírito nos una num só corpo, para sermos um só povo em seu amor".

Esta segunda invocação do Espírito suplica pela nossa "transubstanciação" no corpo eclesial, graças à nossa comunhão no corpo sacramental. Quando bem entendida e vivida, esta súplica não nos pode permitir que a Igreja se acomode na sua dispersão e fechamento. Na verdade, a nossa integração no processo de crescimento eclesial se realiza conforme os ritmos de uma transformação "já acontecida" e "ainda não". Daí a importância de nos deixarmos envolver por essa dinâmica pascal de comunhão.

Nós intercedemos

Após a invocação do Espírito sobre a assembleia para que viva a comunhão, oramos pela Igreja de hoje, reunida em torno do Papa, dos bispos, presbíteros e de todos os irmãos e irmãs. Assim nos vemos como corpo eclesial de Jesus Cristo em nosso tempo e com nossas necessidades de conversão. Vamos além da comunhão com a Igreja na terra e nos projetamos na comunhão com a Igreja celeste. Aqui lembramos os que morreram e foram chamados a participar da redenção obtida pelo Corpo e Sangue de Cristo. A "recordação de Maria e dos Santos" passa a ter a força de proposição de uma meta já alcançada. Sua presença e intercessão nos ajudam a alcançar algo a que aspiramos.

Conclusão do louvor (doxologia)

Todas as orações eucarísticas da Igreja romana concluem o louvor rezando: "Por Cristo, com Cristo, e em Cristo, a vós, Deus Pai todo-poderoso, na unidade do Espírito Santo, toda honra e toda glória, por todos os séculos dos séculos. Amém". É a glorificação culminante ao Pai, por Cristo e na unidade do Espírito. Aqui pedimos a Deus que nos oriente ao Reino definitivo e nele nos introduza para podermos glorificá-lo sem fim. A solenidade deste momento concentra a ação de graças de toda a Oração Eucarística. Para isso, a proclamação de quem preside deve comunicar o que a fórmula expressa. O tom da voz, a convicção do significado, a solenidade e mesmo o canto devem ajudar a assembleia a proclamar o "AMÉM" mais importante de todos os "Améns" que a Igreja pronuncia.

Para refletir

- Para este tema, sugiro a leitura, meditação e oração, ao menos, de algumas orações eucarísticas, a fim de ir percebendo seu sentido e sua riqueza.

- É possível perceber a ligação da narrativa da instituição com o que segue após, até a conclusão do louvor?

- Para vivermos melhor e valorizarmos mais o momento "pós-consagração", o que podemos fazer, tanto da parte de quem preside como da assembleia?

27 Rito de Comunhão – Pai-Nosso

Começo a abordagem litúrgica do Pai-Nosso lembrando um fato que pode nos ajudar em nossa prática cotidiana. Dom Helder Camara foi convidado a presidir uma grande romaria popular e temática. Com sua santa elegância foi respeitando e seguindo o roteiro da equipe responsável. Quando chegou o momento do Pai-Nosso, os cantores entoaram uma versão diferenciada do Pai-Nosso ensinado por Jesus. Dom Helder acompanhou e deixou o canto chegar ao seu final. Quando todos terminaram de cantar, com seus gestos amplos, proclamou bem alto: "Agora, meus irmãos e minhas irmãs, vamos rezar juntos a oração do Pai-Nosso, assim como Jesus nos ensinou". Certamente em Dom Helder não havia nenhuma tentação de legalismo e rubricismo, mas apenas sabedoria e bom senso. Com isso a Igreja já responde à pergunta: Pode-se adaptar o Pai-Nosso? Outras versões poderão ser cantadas em momentos oportunos, mas não na missa.

O Pai-Nosso no início do Rito de Comunhão

Toda a celebração tem como ponto de referência o *Rito de Comunhão*. Chegar à comunhão com o Senhor não pode ser um ato improvisado e rotineiro. A Instrução Geral sobre o Missal Romano (n. 80) convoca todos nós, participantes da assembleia, a estarmos "devidamente preparados". A oração do Pai-Nosso é um dos três momentos de preparação imediata à comunhão do Corpo e Sangue do Senhor. O clima de comunhão, experimentado e vivido pela assembleia no decurso das partes que vêm antes, com seus cantos, orações e boa comunicação da Palavra, ajuda a chegar ao Pai-Nosso com uma excelente coesão e qualidade de participação.

Convite à oração do Pai-Nosso por quem preside a celebração

No Missal Romano, atualmente em uso, há várias sugestões de fórmulas de convite. Nelas percebemos palavras ricas de sentido, destacando: "Obedientes à palavra do Salvador e formados por seu divino ensinamento"; "guiados pelo Espírito de Jesus e iluminados pela sabedoria do Evangelho"; "chamados filhos de Deus e realmente o somos". Com estas motivações, percebemos que não estamos apenas recitando uma fórmula, mas expressando uma experiência de comunhão ampla e decorrente de nossa familiaridade com o Evangelho, do qual o Pai-Nosso é síntese. Em duas sugestões de fórmulas aparece a expressão: "... ousamos dizer". Que tipo de ousadia seria essa? A oração bíblica não nasce de uma fórmula, mas brota da vida e se torna um exemplar para nossa experiência de diálogo com o Senhor. A ousadia neste caso tem a verdadeira conotação de familiaridade, confiança, sinceridade e amor. Assim como a criança ousa pedir e se comunicar com o Pai. O convite à oração do Pai-Nosso deve ajudar a definir o clima de nossa relação e comunicação orante.

O Pai-Nosso na missa

Desde a Antiguidade, o Pai-Nosso está ali para destacar o pedido do "pão nosso de cada dia", e também num sentido penitencial: "Perdoai-nos as nossas ofensas, assim como nós perdoamos a quem nos tem ofendido". O maná do deserto não saciou a fome do povo. A Eucaristia é o Pão que Deus nos oferece para que possamos caminhar pelo deserto da vida, sem morrermos de fome. O Pão da Eucaristia é um pão pascal que evoca uma libertação passada; atualiza uma libertação presente e garante uma libertação futura. É claro que a súplica pelo "pão nosso de cada dia" tem sua implicância com a tríplice dimensão do pão, assim como insistia Santo Antônio de Pádua: O Pão da Eucaristia, o pão da Palavra e o pão na mesa de todos, especialmente os pobres. Não se pode encaminhar bem o Rito de Comunhão sem pensar no compromisso da fraternidade.

A atenção à dimensão penitencial do Pai-Nosso na missa visa despertar os participantes para a dimensão da reconciliação verdadeira. Está na lógica da Eucaristia o apelo para o cultivo de relações redimidas. O perdão mútuo é garantia do perdão de Deus, tendo em vista a união verdadeira no amor e na vida do Corpo de Cristo.

Conclusão

Num curso de Leitura Orante da Bíblia, o assessor ocupou o tempo em ajudar os participantes a fazer a leitura orante do Pai-Nosso. Houve unanimidade em afirmar o quanto se tornou importante a experiência para incorporar esta oração na vida e descobrir tanta riqueza escondida. Com este exercício, todos se sentiram chamados a passar do formulismo para o diálogo da vida em comunhão. Esta experiência pode ser uma ótima sugestão para nossos exercícios espirituais. Assim, o Pai-Nosso da missa alcançará sua verdadeira razão de estar ali.

Para refletir

- Como acontece a oração do Pai-Nosso em nossas celebrações?
- Qual a razão do Pai-Nosso no Rito da Comunhão?
- A que aspectos do Pai-Nosso devemos dar mais atenção e ênfase, quando rezado ou cantado na missa?

28 Rito de Comunhão – A paz do Senhor

A Instrução Geral sobre o Missal Romano situa e dá a razão desse rito da paz depois da oração que segue ao Pai-Nosso: "Segue-se o rito da paz, no qual a Igreja implora a paz e a unidade para si mesma e para toda a família humana e os fiéis exprimem entre si a comunhão eclesial e a mútua caridade, antes de comungar do sacramento" (n. 82).

Nas Igrejas orientais, faz-se esse gesto após a liturgia da Palavra. Entre nós, realiza-se antes da comunhão. Evidentemente, não poderemos participar da mesa de Cristo com lealdade, se não estivermos com disposição de ânimo para comungar os irmãos e as irmãs que formam o corpo do Senhor, de quem ele é a cabeça.

A paz que Cristo oferece

"Senhor Jesus Cristo, dissestes aos vossos apóstolos: Eu vos deixo a paz, eu vos dou a minha paz..." O Ressuscitado transpõe as portas fechadas e se põe no meio dos discípulos, repetindo com insistência: "A paz esteja convosco!". Mais que uma saudação, é uma confirmação daquela paz messiânica esperada por todos, inaugurada com sua ressurreição. "Este é o Reino chegando, a aurora nascendo e a fonte jorrando! Jesus está vivo no meio de nós!"

A paz que Cristo oferece não é uma paz de cemitério, nem uma simples ausência de guerra, menos ainda uma paz fácil de simples conveniências, tratados e acomodações. A paz que o Cristo nos oferece tem rosto pascal; passa pelas cruzes de nossas lutas, desafios, empenhos de justiça e até mesmo abandonos e perseguições. O Príncipe da Paz, ele mesmo "é a nossa paz" (Ef 2,14). Primeiro passou por incompreensões, perseguições, traições, abandono, tortura e pela morte violenta na cruz. Cristo nos confirma que a paz é um dom do Deus vivo, mas é também uma tarefa em constante construção, ao alcance de nossa responsabilidade.

Trata-se de uma paz nova e religiosa, que supera a "*pax* romana" e une os corações com o Espírito de Deus, do qual nasce a verdadeira paz (cf. Ef 4,1-6; Gl 5,22-24). A paz que Cristo oferece não é a paz do mundo (cf. Jo 14,27), mas é a paz de Deus que transforma o mundo.

A paz que nós queremos

Para o coração humano, não são suficientes momentos de paz. Há um desejo de paz infinita, que nos deixa "inconformados" com a provisoriedade de uma paz passageira. Por isso, a paz que nós realmente queremos e com a qual sonhamos só tem consistência na dinâmica da aliança. É na aliança e na comunhão com Deus, em Cristo, que se aprende a cultivar alianças de paz com as pessoas com quem convivemos. É dentro de um processo de conversão que a paz de Cristo vai comunicando a paz eterna do céu nos caminhos desta terra e de nosso chão.

A partir de Cristo, a paz não está na restauração do passado, e sim na constante criação de uma sociedade cada vez mais de acordo com os valores do Reino: a justiça, o amor e a comunhão. Embora a paz deva ser interior e transformar o coração, não pode se manter encerrada nele. Ela deve se projetar para a sociedade, fazendo com que as relações humanas sejam redimidas e também as estruturas humanas se tornem favoráveis à vida.

O rito da paz

Esse rito é um gesto de caridade e comunhão que atualiza aquela paz inaugurada por Cristo e que precisa ser comunicada e propagada entre os participantes de uma assembleia litúrgica. O abraço da paz é um exercício adequado que nos prepara para a comunhão eucarística.

> De fato, não se pode desejar a paz sem se sentir em paz com os outros; não podemos nos unir num gesto se nos dividirmos na ação; não é possível expressar bons desejos se no coração há más intenções. O rito da paz é a expressão visível do perdão e da reconciliação mútuos que pedimos no Pai-Nosso e que nos dispõe de modo adequado à comunhão no corpo de Cristo (Boróbio, D. *Celebrar para viver*. São Paulo: Loyola, 2009. p. 279).

"O sinal de transmissão da paz deve ser estabelecido de acordo com a índole e os costumes dos povos" (IGMR, n. 82). Como cristãos, queremos "a paz e a unidade para a Igreja e para toda a família humana" (IGMR, n. 82). Corações abertos para o mundo e para a Igreja são aqueles corações que cultivam o sonho da fraternidade universal.

Conclusão

Pessoas que acolhem e cultivam a paz são pessoas que contagiam e estimulam a crer na atualidade da presença do Ressuscitado. A partir dele é possível o anúncio da paz já adquirida, mas ainda não plena, pois será definitiva e completa no fim dos tempos. Enquanto caminhamos neste chão, há sempre um novo compromisso de paz.

Para refletir

- Qual é a paz que Cristo nos oferece?
- Nós queremos e sonhamos com qual paz?
- Explique o sentido do rito da paz.

29 Rito de Comunhão – Ao partir o pão

Todos os ritos que compõem a Celebração Eucarística têm a sua significação e sua justa importância. Conforme o momento e a visibilidade, alguns ritos são mais ou menos vividos e participados. A chamada *fração do pão*, após o rito da paz, tantas vezes passa sem ser percebida pela comunidade celebrante. Há diversos motivos que levam a isso: o modo como procede quem preside, os ruídos do abraço da paz, a preocupação pelo que vem depois etc. Cremos que ao saber da importância deste rito, vale a pena revesti-lo de seu real valor.

Importância do partir o pão

A cena do encontro de Jesus com os discípulos de Emaús nos confirma a importância básica deste gesto: "Eles o reconheceram ao partir o pão" (cf. Lc 24,31). Essa expressão constitui um dos termos consagrados no Novo Testamento para designar a Eucaristia. A Instrução Geral sobre o Missal Romano, n. 83, afirma:

> O gesto da fração realizado por Cristo na última ceia, que no tempo apostólico deu o nome a toda a ação eucarística, significa que muitos fiéis, pela comunhão no único pão da vida, que é o Cristo, morto e ressuscitado pela salvação do mundo, formam um só corpo (1Cor 10,17).

Pelo fato de repetir o gesto de Cristo, o rito do partir o pão é dos mais antigos entre os ritos de preparação para a comunhão. Encontra-se em todas as liturgias. O rito visa acentuar o clima de fraternidade e comunhão que já vem expresso na oração do Pai-Nosso e no rito da paz. Um único pão, que é partido entre irmãos, chama para a vivência da caridade fraterna, sem a qual não se encontram razões para uma comunhão com o Cristo-Pão.

Para o rito da fração do pão, há normas litúrgicas a serem observadas:

- Quem deve fazer a fração é o sacerdote, com a ajuda de um concelebrante ou diácono.
- Inicia-se a fração depois da conclusão do gesto da paz, favorecendo a importância própria do rito.
- A fração deve ser "feita com a devida reverência" (IGMR, n. 83).
- Realizar o gesto de forma expressiva e visivelmente.
- Durante a fração, canta-se o "Cordeiro de Deus", quantas vezes for necessário, até terminar o rito. Quando termina, canta-se o "Dai-nos a paz!".

Parte do Pão no cálice do Sangue

Ao partir o pão, o sacerdote põe uma pequena parte no cálice. Para os antigos, esse gesto evocava a ressurreição de Cristo. Corpo dado e Sangue derramado são imagens da doação de Jesus na cruz. Num ritual dos sírios, enquanto se faz o rito, reza-se: "Senhor, misturaste tua divindade com a nossa humanidade, tua vida com a nossa mortalidade... Aceitaste o que era nosso e nos deste o que era teu, para a vida e a cura de nossa alma". A liturgia de São Basílio chama a mistura de pão e vinho de "união sagrada".

Cordeiro de Deus

É de todo conveniente que se cante o "Cordeiro de Deus", como um canto que acompanha o rito da fração do pão, ou então seja rezado com a iniciativa de um cantor. A esta altura nos perguntamos a respeito da razão de cantarmos ou rezarmos o "Cordeiro de Deus", se o rito da fração do pão é tão importante. Na verdade, esta quer ser mais uma expressão penitencial da comunidade, antes de receber o Corpo do Senhor. Reconhecer-nos indignos é uma atitude de abertura de quem não se considera autossuficiente, mas necessitado da presença libertadora de Cristo para viver uma verdadeira comunhão.

Em Cristo Cordeiro, também nos lembramos de que sua lógica é a da doação, não a da exploração; do serviço, e não do poder; do sacrificar-se pelos outros, não o de sacrificar os outros para si. Ao cantarmos ou rezarmos o "Cordeiro de Deus", sentimo-nos envolvidos por seu contínuo cuidado, não esmagados por uma existência sem sentido, ou pela indiferença de um mundo hostil. Em Cristo que se faz Cordeiro para ser imolado e libertar-nos com o seu sangue, que se faz pão para nutrir-nos, vemos e acolhemos a verdadeira face de Deus Pai, o Pai da Divina Misericórdia.

Conclusão

O rito realizado não depende da quantidade de tempo a ele dispensado, mas da intensidade da fé como se realiza. Na liturgia oficial, fala-se da simplicidade, mas não da rotina; fala-se da brevidade, mas não do atropelo. O que deve definir uma postura na realização do rito é a sua importância dentro do todo de uma celebração. Não se trata de um retalho, mas de uma parte que confere riqueza, beleza e sentido ao todo. Atenção e sintonia, comunicação e sincronia fazem a diferença de um ritualismo cansativo.

Para refletir

- Como vemos e vivemos o rito da fração do pão em nossas liturgias?
- Qual o verdadeiro significado do rito da fração do pão?
- Por que cantar ou rezar o "Cordeiro de Deus", enquanto o sacerdote realiza a fração do pão?

30 Rito de Comunhão – Comungamos do mesmo pão e do mesmo cálice

Hoje em dia, vivemos novas tentativas para que o momento da comunhão seja, o máximo possível, participado e vivido de acordo com a sua natureza. Aconselha-se a praticar a comunhão sob as duas espécies, busca-se superar a frágil comunicação da pequena hóstia pelo pão repartido na visibilidade da forma e dos gestos, tenta-se superar o autosservir-se pelo gesto da entrega e da doação etc. Creio que os critérios teológicos, bíblicos e litúrgicos vão ajudando a educar as comunidades pelo verdadeiro zelo pastoral.

O que não pode acontecer é o imediatismo de quem busca novidades sem preparar a comunidade. Já tive a triste experiência de ver assembleias bebendo do cálice com ridículas brincadeiras, como se estivessem brindando numa festa qualquer. Graças a Deus, são exceções num todo de múltiplas comunidades que vivem com reverência e dignidade os novos modos de comungar.

"Eis o Cordeiro de Deus"... "Senhor, eu não sou digno"

A Igreja, ao apresentar o Cristo, Pão partido para um mundo novo e o Sangue do Senhor, serve-se das palavras de João Batista, quando apresentou Jesus a seus discípulos: "Eis o Cordeiro de Deus, aquele que tira o pecado do mundo" (Jo 1,29). Essa apresentação carrega consigo uma força motivadora de aproximação, acolhida e sincera comunhão. Quem de nós não sonha com uma terra sem males, uma convivência redimida e uma vida saudável em suas raízes? O mesmo Cordeiro, cujo sangue libertou os israelitas da terra da escravidão, sela os corações com a força da ressurreição que nos liberta.

"Senhor, eu não sou digno" (Mt 8,8). Um cristão evangélico, num certo dia, manifestou sua preferência pela prece do centurião, que é assumida nesta hora para a comunhão. Há na expressão uma nobre sensibilidade diante do mistério e do realismo da própria condição humana. O centurião não tinha baixa autoestima. Disse a Jesus que possuía soldados sob o seu comando e que suas palavras eram ouvidas e obedecidas etc. Por ter sabedoria, sentia-se necessitado de socorro. A humildade o fez perceber a justa medida de suas possibilidades e a necessária abertura à comunhão.

A justa medida de nossas relações vai nos fazendo rezar com sinceridade a prece do centurião e nos colocando em procissão para o encontro com o Senhor.

A união de todos em Cristo

O que se anunciava no rito da fração do pão, isto é, a unidade de muitos num só corpo, chega ao ponto alto na comunhão. Comungamos o Cristo para que se realize o que Paulo nos diz: "Até que Cristo se forme em vós" (Gl 4,19). Nele, por ele e com ele vamos configurando o nosso ser, o nosso pensar e o nosso agir, para que nos tornemos verdadeiros cristãos em processo de conversão. Consequentemente, é nesta comunhão com Cristo que se realiza a comunhão no Corpo de Cristo, a Igreja.

A comunhão com o Cristo nos coloca num novo modo de "ser" com os outros. Quem come o Pão Eucarístico rompe a solidão, facilita a inclusão de todos, põe-se em luta contra o egoísmo, substituindo-o pelo amor-participação. Comungar o Cristo não só nos compromete de forma moral ou espiritual, mas também de modo real e concreto com a vida e a convivência nossa de cada dia. O nosso cotidiano vem fortalecido e animado pelo pão da vida.

"O Corpo de Cristo!" – Amém!

Se Jesus não tivesse instituído a Eucaristia, o acontecimento de sua morte e ressurreição teria se reduzido ao espaço e ao tempo em que tudo aconteceu, privando a Igreja de imergir salvificamente nele por todos os tempos. Por graça, é exatamente nesta comunhão com o corpo sacramental do verdadeiro Cordeiro que nos tornamos presentes àquele eterno presente, no Corpo de Cristo ressuscitado. Em nossa missa e em nossa vida acontece, hoje, todo o calvário e todo o fulgor da manhã da Páscoa.

Quem participa da Eucaristia acolhendo o Corpo de Cristo também atualiza sua pertença e responsabilidade com o corpo eclesial. Pela comunhão saímos de nosso individualismo com vontade de edificar a unidade no amor que procede do Cristo. Nosso "amém" ao Corpo de Cristo traz consigo uma densidade cultural e religiosa de origem aramaica. É uma aclamação que confirma e consolida nossa livre e consciente acolhida, nossa adesão e nosso reconhecimento. Amém = "assim é"; "eu creio"; "eu quero que seja" etc.

Conclusão

Recordamos que a comunhão é um dos três momentos processionais, de procissão, da missa. É o povo de Deus, sempre sujeito a ter fome, que caminha para receber aquele que se dá no Pão da Eucaristia. Antes de ser uma atitude nossa de ir até ele, a fé cristã nos confirma que ele vem a nós antes de nos colocarmos a caminho até ele. Nessa procissão, cantamos uma canção que acompanha o rito, preferencialmente ligada ao Evangelho do dia, ou refrão que facilite a participação ativa dos fiéis.

Quando a Eucaristia é partilhada, em seguida fica bem um momento de silêncio para viver a experiência do Senhor acolhido em nós. Parece-me que a atitude de Maria em Betânia possa ser um jeito de nos situar na escolha da "melhor parte". A seguir o sacerdote que preside a celebração profere a oração após a comunhão, a fim de implorar os frutos do mistério celebrado.

Para refletir

- Como vemos e vivemos o momento ritual da comunhão em nossa experiência pessoal e na comunidade?
- Podemos comungar Cristo e continuar nos fechando no individualismo? Por quê?
- O que podemos fazer para tornar mais verdadeira, alegre e participativa a comunhão em nossas assembleias?

31 Ritos de Conclusão

Geralmente, quando se chega ao momento final, não é de estranhar a tentação da pressa e o risco de fazer por fazer ou dizer por dizer. O momento final não vem para terminar, mas para nos colocar em novo começo e em novo ritmo para podermos sair com novas forças e novas motivações da missa para a missão. Aos ritos finais fazem parte:

1. Comunicações e avisos

A intencionalidade que deve caracterizar os avisos finais é "a vida da comunidade". Uma comunidade que celebra bem vive um dinamismo que se traduz em fatos, iniciativas e empenhos comuns. Por essa razão, até os avisos precisam ser comunicados de tal modo que expressem a vida de uma comunidade em estado de "comunhão e participação". Assim:

- Os avisos precisam ser objetivos e claros.

- Começa-se por enunciar "o que acontecerá e o que se fará"; depois, o local, a data e a hora.

- Para que a comunicação seja captada pela assembleia, faz-se necessário dizer o que é mais urgente e importante. O número excessivo de avisos cria uma confusão que ninguém vai lembrar. É preferível entregar um folheto informativo na saída da igreja.

- Nada melhor do que redigir os avisos de forma clara e sintética, dizendo só o essencial. Tantas explicações não resolvem. Quando se fala demais, perde-se o que é fundamental, favorecendo o esquecimento de tudo.

2. Saudação e bênção

Quem preside em nome da Igreja e de Cristo repete aquela saudação sempre densa de significado: "O Senhor esteja convosco!". E a assembleia responde: "Ele está no meio de nós!". Do começo ao fim da celebração perpassa esta consciência de comunhão entre o Ressuscitado e a comunidade reunida e entre a comunidade e o Ressuscitado. Não é apenas uma formalidade, mas uma viva experiência de fé fortalecida na celebração e vivida no cotidiano. A certeza de que ele está conosco, no meio de nós, é uma constante que nos acompanha nos caminhos da vida e da missão. Para o Ressuscitado, nada do que é humano lhe é estranho e, com ele, sempre é possível ressuscitar.

Após a saudação, o presidente da celebração abençoa a comunidade. Esta pode ser comunicada de modo simples ou solene, conforme a festividade ou o momento forte da comunidade. Em nome da Trindade, iniciamos e concluímos a celebração, para podermos sair em missão, também em seu nome. A Eucaristia é encerrada com a bênção, para que a comunidade celebrante possa voltar à vida cotidiana abençoada e alegremente comprometida.

3. Despedida

A insistência do "Ide em paz e o Senhor vos acompanhe!" traduz o desejo de que a paz de Deus vivida na Eucaristia acompanhe a todos no caminho e perpasse a trama da vida e da convivência de quem experimenta a presença atuante do Senhor. O modo como se sai de uma assembleia pode ser um teste de qualidade da celebração: rostos fechados ou alegres, dispersão rápida ou intercâmbios fraternais, entusiasmo para retomar a caminhada ou senso de uma rotina interminável, tudo pode realmente sinalizar como se viveu aquele momento forte de uma celebração.

As diversas formas de despedida sugeridas no Missal desejam que "A alegria do Senhor seja nossa força"; "glorificai o Senhor com vossa vida"; "a alegria do Senhor seja a vossa força".

4. O beijo no altar

Assim como o sacerdote iniciou, termina beijando o altar novamente, para que o Cristo do altar continue sendo o Cristo da vida. A missa não é um parêntese na vida do cristão. Assim como a missão vem para a missa, a missa vai para a missão como "fonte e culminância de toda a vida cristã". O amor de Cristo celebrado no altar deverá impregnar o sacerdote em seu ser, suas ações e palavras e permear todos os seus encontros.

Conclusão

Assim, concluímos a caminhada de formação litúrgica referente aos passos da missa, como rito e como experiência celebrativa. A riqueza deste mistério é tão grande que sempre é pouco o que se pensa e o que se fala. Nada melhor do que deixar que a vida vá se envolvendo, com a mente, o coração e as ações dentro deste mistério de amor. Se alguma ajuda foi partilhada, agradeço a Deus e rogo que a nossa maturidade de fé nos coloque juntos neste encantamento pela liturgia bem celebrada e ainda mais bem vivida.

Para refletir

- Quais são os passos que compõem os ritos finais?
- O que os ritos finais desejam expressar?
- Como podemos conectar a missa com a missão?

32 Símbolos que comunicam na missa

Estamos todos em situação de necessidade, quanto à boa convivência com o mundo dos símbolos. Nesta época em que nossos sentidos estão sempre ocupados e nossa cultura arranca de nós a interioridade, precisamos escutar aquelas sábias perguntas que Jesus fez para seus discípulos: "Vosso coração continua incapaz de entender? Tendo olhos, não enxergais, e tendo ouvidos, não ouvis?" (Mc 8,17b-18).

A liturgia eucarística acontece num todo de rica comunicação. É uma comunicação plena, feita de palavras, mas também de gestos, movimentos, símbolos e ação. Na prática, porém, ainda continuamos achando que a comunicação verbal deva prevalecer.

O mundo dos símbolos provoca um posicionamento de sintonia e favorece um caminho de interioridade. Precisamos treinar, para isso, o terceiro olho e aprender a ver bem com o coração. O símbolo ajuda a criar uma relação afetiva entre a pessoa e uma realidade profunda que não se chega a alcançar de outra maneira.

Sempre dizemos que o verdadeiro símbolo deve falar por si. Porém, por sermos um tanto analfabetos nesta linguagem sagrada, temos de fazer um caminho mistagógico e treinar para que, realmente, venham a falar por si. Sendo assim, vamos registrar alguns símbolos importantes da missa que merecem nossa atenção.

1. Altar = "Mesa do Senhor"

Como a mesa familiar é o lugar do encontro, da partilha, do diálogo e do amor, assim o altar é o centro para onde converge espontaneamente a atenção do povo reunido. O altar é o lugar do sacrifício e, ao mesmo tempo, a mesa do Senhor para o banquete eucarístico da comunidade. Ali exercitamos o encontro com o Senhor e com os irmãos e irmãs; renovamos a nossa fé; revigoramos a esperança; aprendemos e crescemos no amor. O altar cristão é um sinal do próprio Cristo. Por ser sinal e não um simples móvel, o altar merece respeito sempre. No capítulo 8 deste livro encontra-se uma reflexão mais extensa: "Atentos ao altar".

2. Ambão = "Mesa da Palavra"

A própria palavra ambão significa "lugar de destaque". Antes de a comunidade encaminhar-se para a mesa eucarística, sente-se reunida em torno da mesa da Palavra. Como a mesa do altar é sagrada, a mesa da Palavra também o é, como símbolo referencial da Casa da Palavra, que é a Igreja.

3. Igreja, símbolo da Igreja

Como a própria casa é o lugar sagrado da vida familiar, assim a Igreja-templo é o lugar sagrado da comunidade que se reúne. "Deus não habita em templos feitos por mãos humanas" (At 17,24). O Templo novo é o corpo de Cristo ressuscitado. Ele está presente "onde dois ou mais se reunirem em seu nome" (Mt 18,20). Se dizemos que o templo é um lugar sagrado, é em referência à assembleia que se reúne no amor de Cristo. A casa do povo de Deus é casa de Deus. Todo o espaço do templo, em seu conjunto, deve favorecer o encontro e a comunicação global.

4. Cruz processional

Em todas as procissões, a Cruz é levada à frente. É Cristo, cabeça do seu corpo, que comanda o seu povo no caminho rumo ao Pai, em seu e em nosso êxodo pascal. A Cruz, colocada ao lado do altar, lembra que a ação ali realizada é memorial da morte de Jesus na cruz e de sua ressurreição. Essa Cruz ilumina toda a nossa vida. Nessa Cruz está centrada nossa compreensão de Cristo e do seu Mistério Pascal. Ali está concentrada a Boa-Nova do Evangelho.

5. A sede

A celebração eucarística de uma comunidade necessita de uma presidência, que faz a vez de Cristo para a comunidade e da comunidade para o Cristo. Para esta missão, faz-se necessária a sede a ser colocada em lugar de destaque. Não como lugar de honra, mas para o serviço sagrado a Cristo e à comunidade.

6. Velas

O simbolismo da luz não precisa de muita explicação. As velas acesas na celebração eucarística, além de serem um símbolo da beleza e estética, são uma lembrança do mistério profundo que está se realizando, entre o Cristo presente e uma comunidade que crê nele e o acolhe com atenção e amor. É aconselhável que, ao acender as velas, se consiga ritualizar com um refrão meditativo para criar sintonia e a comunicação simbólica.

7. Flores

O segredo das flores não está na quantidade, mas na sua beleza e simplicidade. Um arranjo bem-feito, ao lado do altar, evoca a presença de toda a natureza que também participa do momento eucarístico. No conjunto dos elementos naturais, a flor dispõe de uma comunicação simbólica muito rica. A beleza natural fala por si e nos educa para o encontro com a beleza infinita.

8. Pão e vinho

O comer e o beber são necessidades humanas indispensáveis. Jesus utiliza estes gestos para se fazer compreender por todos os humanos. Comida e bebida são fontes de vida. Além de o pão e o vinho serem elementos conhecidos em todas as culturas, Jesus serve-se deles porque são expressão de máxima doação e unidade. Muitos grãos de trigo e muitos grãos de uva triturados se entregam para formar um mesmo pão e um mesmo vinho. Ao servir-se do pão e do vinho, eleva-se o grande hino à bondade da criação e, ao mesmo tempo, à dignidade do trabalho humano. Cristo se serve do que é nosso para se fazer presente a nós e para nós.

9. Água

Por ser vida, a água é uma realidade polivalente: sacia a sede; limpa, renova e purifica; remete à fonte; é origem da força hidráulica; mistura-se e cria comunhão. Água é o tesouro mais precioso de nosso planeta Terra. Na celebração da missa, normalmente, a água não está em evidência. Em momentos especiais, faz-se a aspersão no início da missa, especialmente dominical. "Fostes vós que a criastes para fecundar a terra, para lavar nossos corpos e refazer nossas forças" (Rito de aspersão – Missal Romano). Neste momento especial, a água de aspersão remete à água batismal. No momento do ofertório, a gota de água é misturada ao vinho, acompanhada desta significativa fórmula: "Pelo mistério desta água e deste vinho, possamos participar da divindade de vosso Filho, que se dignou assumir a nossa humanidade" (Missal Romano).

10. As cores

A linguagem das cores comunica e provoca uma influência não só aos humanos, mas até no mundo animal. Hoje se fala até da cromoterapia, como um recurso em favor da qualidade de vida. A Igreja veio evoluindo com o passar do tempo quanto ao uso diverso das cores litúrgicas. Só a partir do século XVI chega-se a estabelecer certo código oficial, semelhante ao atual. Hoje a Instrução Geral do Missal Romano (n. 346) oferece esta diversidade:

- *Branco:* Cor alegre que sugere festa, alegria e luz. Utiliza-se no Natal, Epifania, Páscoa, festas de Cristo, de Maria, dos anjos e dos Santos que não sejam mártires.

- *Vermelho:* Lembra fogo e sangue. É a cor escolhida para o Domingo da Paixão e Sexta-feira Santa, festa de Pentecostes, Exaltação da Santa Cruz, festas de Apóstolos, Evangelistas e Mártires e na Confirmação, ou Crisma.

- *Verde:* Cor da vegetação mais viva, na iminência dos frutos; cor do equilíbrio ecológico e da esperança; cor que acompanha o Tempo Comum. Trinta e quatro semanas vivem a história da salvação, sobretudo o mistério semanal do domingo como Dia do Senhor. É o tempo dos frutos que o Mistério Pascal provoca na comunidade cristã.

- *Roxo:* É considerada a cor da cura, do recolhimento, da penitência e, às vezes, da dor e da compaixão. É a cor que acompanha o tempo do Advento e o tempo quaresmal, assim como as celebrações penitenciais e as exéquias.

- *Rosa:* É uma nova possibilidade que adianta o clima festivo do tempo. Pode-se utilizar no terceiro domingo do Advento (*Gaudete*) e no quarto domingo da quaresma (*Laetare*). São prenúncios da alegria do Natal e da Páscoa.

11. As vestes litúrgicas

A roupa caracteriza pessoas e circunstâncias. A farda militar, o traje dos juízes, o hábito religioso etc. são sinais referenciais de pertença, de função e de missão. Há vestes de gala, de festa e também de luto. Citamos as vestes litúrgicas, em uso atual:

a) *Alva ou túnica:* É uma veste longa, geralmente branca, utilizada pelos ministros de qualquer grau. A túnica caracteriza o serviço da presidência. Três qualidades são importantes para o paramento litúrgico: limpeza, simplicidade e dignidade.

b) *Estola:* É uma veste litúrgica dos ministros ordenados que lembra a missão do serviço, em nome de Cristo, para a comunidade.

c) *Casula:* O próprio nome já diz, "casa pequena". Em forma de manto e conforme as cores do tempo, é a veste litúrgica específica para a celebração eucarística.

A busca de qualidade de estilo não pode virar um modismo clerical, mas favorecer a dignidade do que celebramos e o ministério característico de cada um que intervém na celebração. As vestes litúrgicas são um meio que salienta o caráter sagrado da celebração e colabora para dar um tom festivo e estético.

12. Imagens

A imagem no culto religioso cristão é referência a outro. O cristão não para na imagem. O ídolo sempre representa um termo final da veneração. O Decálogo proíbe o culto às imagens (Ex 20,1-6). O perigo da idolatria sempre esteve presente na humanidade. O Antigo Testamento só permitia algumas imagens secundárias, como a dos querubins na arca da Aliança (Ex 25,18ss; 1Rs 6,19.23.27). As imagens de Deus que a Bíblia reconhece são naturais e não artificiais: o cosmos e, sobretudo, o homem (Gn 1,26-27); Sb 13,3-5; 1Cor 11,7).

A Bíblia não teme as imagens de Deus. Em toda ela há uma descrição imaginativa de Deus como oleiro, médico, visitante, pastor, rocha, vinhateiro, esposo, pai, amigo etc. O Novo Testamento ressalta a imagem primordial de Deus revelada em Cristo, que também é apresentado de modo fortemente imaginativo.

A Igreja reconhece o risco do excessivo apelo à imagem, atribuindo-lhe uma quase adoração. Não podemos ignorar que nossos povos latino-americanos sempre viveram sua religiosidade com uma afeição muito viva às imagens. Nas grandes cidades, hoje, esta relação tende a aumentar, em contraste com a tendência secularista.

Por justiça, jamais poderemos tirar do imaginário do povo a força simbólica das imagens. Porém, aos agentes e Pastores cabe ajudar as pessoas ao cultivo de uma verdadeira relação. As imagens são sempre um sinal indicativo de valores humanos e cristãos vividos e, acima de tudo, um caminho acessível para ir à fonte da santidade que é Jesus Cristo. Imagens são sinais!

Vamos participar da missa?

Partes fixas da missa

Anexo

SINAL DA CRUZ – 1	121
SINAL DA CRUZ – 2	121
SAUDAÇÃO INICIAL – 1	121
SAUDAÇÃO INICIAL – 2	122
CONFESSEMOS OS NOSSOS PECADOS	122
ATO PENITENCIAL	123
SENHOR, TENDE PIEDADE	123
KYRIE ELEISON	123
GLÓRIA A DEUS NAS ALTURAS	124
CREIO, CREIO, AMÉM!	125
APRESENTAÇÃO DOS DONS	126
RESPOSTA DA APRESENTAÇÃO DOS DONS	127
SANTO, SANTO – 1	127
SANTO, SANTO, SENHOR – 2	128
SANTO É O SENHOR – 3	128
SANTO, SANTO – 4	129
MISTÉRIO DA FÉ	130
PAI NOSSO – 1	131
PAI NOSSO – 2	131
PAI NOSSO – 3	132
VOSSO É O REINO	133
CORDEIRO DE DEUS – 1	133
CORDEIRO DE DEUS – 2	133
CORDEIRO DE DEUS – 3	134
CORDEIRO DE DEUS – 4	134
CORDEIRO DE DEUS – 5	134
JESUS CRISTO, CORDEIRO DE DEUS	135

SINAL DA CRUZ – 1

SINAL DA CRUZ – 2

SAUDAÇÃO INICIAL – 1

SAUDAÇÃO INICIAL – 2

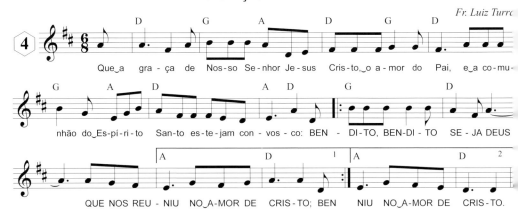

CONFESSEMOS OS NOSSOS PECADOS

ATO PENITENCIAL

Fr. Luiz Turra

SENHOR, TENDE PIEDADE

Fr. Luiz Turra

KYRIE ELEISON

Fr. Luiz Turra

GLÓRIA A DEUS NAS ALTURAS

APRESENTAÇÃO DOS DONS

Fr. Luiz Turr

126

RESPOSTA DA APRESENTAÇÃO DOS DONS

SANTO, SANTO – 1

SANTO, SANTO, SENHOR – 2

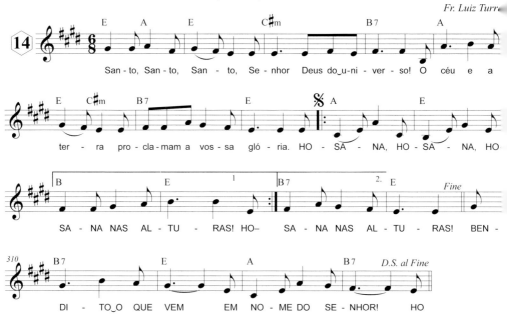

SANTO É O SENHOR – 3

SANTO, SANTO – 4

Fr. Luiz Turra

MISTÉRIO DA FÉ

Fr. Luiz Turra

Solo: Mis- té- rio da fé! T: A- nun- cia- mos, Se-
nhor a vos- sa mor- te e pro- cla- ma- mos vos- sa res- su- rei- ção,
Vin- de Se- nhor Je- e- sus!

PAI NOSSO – 1
Fr. Luiz Turra

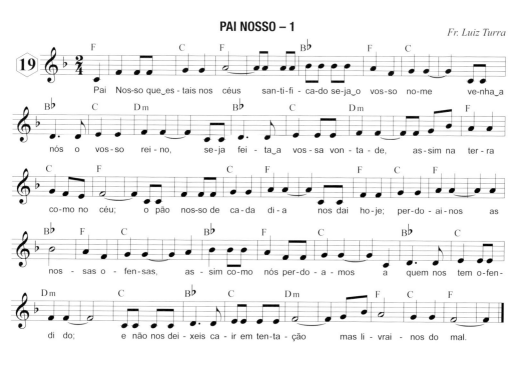

PAI NOSSO – 2
Fr. Luiz Turra

CORDEIRO DE DEUS – 3
Fr. Luiz Tur

CORDEIRO DE DEUS – 4
Fr. Luiz Tur

CORDEIRO DE DEUS – 5
Fr. Luiz Tur

JESUS CRISTO, CORDEIRO DE DEUS

Fr. Luiz Turra

Rua Dona Inácia Uchoa, 62
04110-020 – São Paulo – SP (Brasil)
Tel.: (11) 2125-3500
paulinas.com.br – editora@paulinas.com.br
Telemarketing e SAC: 0800-7010081